生命，
因家庭而大好！

COUNTLESS WORDS IN PICTURE BOOKS

繪本裡
的千言萬語

30個故事，30封給孩子的成長情書

李貞慧 ——— 著

目錄｜Contents

Part 2 成長的點點滴滴學習

Part 3 在築夢和探索的路上

自序

想對孩子說的話，都在故事中

我把我想對親愛的兩個孩子訴說的千言萬語，寫成了這本書。我的兩個孩子已來到青少年階段，這階段的孩子不愛聽大人叨念、說教，可是我又有好多想法與感受想與他們分享，於是決定換個方式說——我想透過說故事的方式，與孩子聊聊我的所思所感。

好故事人人愛聽，也許這些或引人入勝或觸動心弦的故事，能夠讓孩子願意多傾聽一些媽媽心裡對他們綿延不絕的愛、關懷、期勉與祝福。

這本書裡有三十篇我寫給孩子的情書，每封情書裡都包含一本我想與孩子分享的繪本。這本書看似是我為我的兩個孩子而寫，其實我更想透過這三十篇書信和更多年輕的孩子說說話。

我在國中教書，自己的孩子也正處於國中學習階段。每天在學校面對一群和我自己孩子年齡相仿的學生，我對他們有了更深的理解、包容與接納——他們都像是我的孩子啊！希望不僅我的

繪本裡的千言萬語
30個故事，30封給孩子的成長情書

孩子願意把這本書當作禮物珍惜，也盼望更多年輕的孩子能夠從中得到鼓勵、撫慰與前行的力量。

當然，也希望爸爸媽媽們能從書中找尋可與自己孩子分享的主題篇章；每一位展書閱讀的大人們，可以從書中介紹的三十本繪本，或是我撰寫的文字中，得到提醒、啟發和美好的教養靈感。

祈願有機會讀到這本書的爸爸媽媽們，也願意提筆寫信與孩子說說話。當我們透過文字和孩子進行更深度、更細膩的心靈交流時，喜歡耍酷又帶點小彆扭的年輕孩子，也許會對爸爸媽媽的書信來個已讀不回，但我們為他們所做的、我們傳達出去的心意與情感，孩子們絕對會有感受流淌於心頭。

孩子們內心真正需求的，始終不是爸媽帶給他們的物質享受，而是真真切切、細水長流、永不停止供應的愛。

這是貞慧的第八本書，謝謝每一個親愛的你願意買下它，並細讀它。

愛，是一種能量

愛自己，不是自私自利；
愛自己，是為了要好好愛這個世界！
「愛己」和「利他」並不互斥，
這兩者是可以手牽手一同前行的。

Part 1

愛，讓奇蹟發生

有愛的地方，任何事都有可能

不用擔心「分享」會讓我們擁有的變少。

分享這件事非常奇妙，

我們越是不吝惜分享，

越是能感受到內心的豐盛富足。

繪本
data

書名：Umbrella

作者&繪者：Elena Arevalo Melville

出版公司：Scallywag Press

親愛的恩和軒，昨晚我們聊著聊著，聊到了人的本性到底是自私自利，還是懷抱善心、願意利己利他？

軒先表達了想法：「人都是自私的，通常都會先想到自己。」恩也隨後大聲附和道：「沒錯，不是有句話說：『人不為己，天誅地滅』嗎？」

媽媽昨晚也和你們分享了我的看法：「的確，我們都不是聖人，一般人在做一件事情時，會先考量此事對自身的利害得失，這無可厚非。但如果當真這世上每個人都是自私的、只關心自己利益的，恐怕舉目所見，每個人都會是面目可憎、一點都不可親可愛吧！這世界還是存在著好多好多不僅愛自己、又願意將別人的利益放在心上的人。像媽媽就一直期許自己可以既愛己又愛人！」

聽完媽媽說的話，你們倆沉默了好一會兒，似乎在咀嚼、思考著媽媽的話語。媽媽當下很想再多與你們分享點什麼，但又擔心說多了，若流於說教的話，你們大概也聽不進去，於是話題便就此打住。

今晨起，媽媽閱讀了一本名為 *Umbrella* 的繪本，好開心這本

繪本的主題與我們昨晚聊的話題有所關聯，媽媽迫不及待想與你們分享這個故事。

◎　　◎　　◎

　　故事的主角是小女孩 Clara，她早晨來到公園，卻找不到玩伴可以一起玩，好孤單。後來，她注意到一把外表陳舊的傘，它看似不起眼，卻有著神奇的魔力——它會說話，還能變出大家盼望的東西！

　　它變出一隻可愛的貓咪來陪伴孤單的 Clara，Clara 開心地向傘道謝。拿到這樣一把具有魔力的傘，Clara 並沒有自私地占為己有，或是貪婪地要傘變出更多更多的東西給她，相反的，她敞開心胸跟來到公園裡的人分享這把神奇傘，讓大家一同徜徉在這把傘所創造出的奇幻幸福氛圍中。

　　只是，這一切被一隻自私貪心的狐狸看見了，他發現這把傘竟然可以變出人們想要的東西，於是趁大夥兒沒注意的時候，偷走了傘，並對傘下達命令：「給我錢，錢，錢！」

不過，傘並沒有應允狐狸的請求，反而下了場陣雨，把狐狸全身淋得濕漉漉！還好狐狸本性不壞，他很快地有所悔悟，並將傘還給 Clara。然而 Clara 並不認為這把傘是她個人的，而是公園裡所有見證這一切奇蹟的人所共同擁有。

◎　　◎　　◎

親愛的恩和軒，媽媽好喜歡這個故事，你們也許會覺得這個故事太烏托邦、太過於真善美，避談了人性的醜陋與邪惡面，但人總是要帶著充滿愛意的眼神看世界，才能為自己也為他人創造多一點的開心與溫暖，是不是？

故事裡的傘象徵著「愛」、「仁慈」與「分享」，人性中這些美善的特質，會不斷為這個世界帶來希望、光明與奇蹟。媽媽深深相信，有愛的地方——

Anything is possible.

（任何事都有可能。）

繪本裡的千言萬語
30個故事，30封給孩子的成長情書

媽媽不否認人類的身體裡藏著自私的基因，媽媽也贊同我們不可能做任何事皆抱持捨己為人的心態，完全不考量自身，這樣又過於矯情。人總是要先學習好好對待自己、照顧自己了，才能真正付出關愛給他人。

　　愛自己，不是自私自利；愛自己，是為了要好好愛這個世界！「愛己」和「利他」並不互斥，這兩者是可以手牽手一同前行的。

　　親愛的孩子啊，不用擔心「分享」會讓我們擁有的變少，分享這件事非常奇妙，我們越是不吝惜分享，越是能感受到內心的豐盛富足。宇宙的資源夠每個人用的，放下不必要的焦慮和恐懼，在愛自己的前提下，把資源與善意分享出去吧！我們今天分享出去什麼，明日就會收穫什麼。付出愛，會得到更多愛；付出關心，會得到更多的關心；給出溫暖人情，會獲得更多溫暖人情。多麼棒、多麼美妙的正能量循環！

　　你們也許會笑媽媽是不折不扣的浪漫派，對世間懷抱著無可救藥的樂觀與善念。是啊，這就是你們的媽媽！永遠相信「愛，讓奇蹟發生」的可愛媽媽。

　　　　　　　　　　　　　　　——一直在學習愛己利他的媽媽

不要吝惜給出愛

善意會以溫暖的方式回饋我們

媽媽相信愛是豐盛的；
我們給出的愛，
最終都會以另一種愛的形式
回到我們身邊。

繪本
data

書名：The Lonely Mailman
作者：Susanna Isern
繪者：Daniel Montero Galán
出版公司：Cuento de Luz

親愛的恩和軒，生活在電子產品充斥的時代，你們和同學、朋友傳達訊息不是用 Line，就是用臉書私訊等通訊軟體，不知你們有沒有收過紙本信件？還是字條呢？媽媽小時候，常常和同學藉由通信來維持友誼，甚至我們那時候還流行寫信交筆友呢！當然，隨著時代的演進，傳達訊息和維持友誼的工具都電子化了，這也是無法阻擋的趨勢，不過我們書寫的訊息內容，除了傳達一些資訊外，依舊是要出於善意，從中向他人表達真誠的情感與關懷。

◎　　◎　　◎

媽媽想到一本名為 *Lonely Mailman* 的繪本，內容描述一位資深的老郵差，不論晴雨，不畏寒暑，每天敬業地到森林各處去遞送信件。每天早上天剛破曉時，老郵差就準備好信件裝在袋子中，然後踩著腳踏車出門，開始他一天的郵件投遞工作。

老郵差每到一戶住家，就依慣例按一下門鈴，然後制式地對收信人說：「XXX，有你的信！」森林裡家家戶戶都會收到信件，

像是松鼠、豪豬、啄木鳥、榛睡鼠、烏龜、蝴蝶、野狼、小鹿、青蛙、魚、大熊和兔子等。直到夕陽西下，夜幕低垂，老郵差把所有信件投遞完畢後，疲累地騎車回家。

其實每天晚上，老郵差回到家，就坐在微弱的燈光下，在打字機前寫著隔天要遞送的信函，包括邀請函、道歉信、計畫信等；他不停地寫著，寫到精疲力竭，直接趴在打字機前睡著了。

就這樣日復一日，老郵差盡責地遞送一封一封信件。有一天，一件令人驚喜的事情發生了——在老郵差的袋子裡，最後一封要遞送的信，收信人竟是他自己！老郵差好訝異，緊張地趕回家，這是他第一次收到信件。他先把信件放進信箱裡，然後自言自語地說：「郵差，有你的信！」隨後他再從信箱中把信件拿出來，走進屋內。

老郵差讀著信件，感到哽咽，眼中泛淚。突然，他家的老舊門鈴響了，他走向大門，打開門一看，所有森林裡的動物都奔向老郵差，大家擁抱、感謝老郵差。原來大家終於發現，他們收到的所有信件，都是出自老郵差之手。他紅著臉微笑著，同時腦海中已在想著當晚他要寫的信件內容。

◎　　◎　　◎

　　媽媽覺得，這名老郵差的行為是無私的大愛。他熟知森林裡每隻動物之間發生了什麼事，例如誰與誰有誤解；誰與誰彼此還不熟悉；誰與誰有事情需要溝通協調，他都瞭若指掌。他藉由冒名寫信給森林裡的動物們，來化解所有的誤解，傳遞友善的情誼，協調所有的糾紛等，讓森林裡這個社區的所有動物們，都能和氣友善地生活。

　　每日默默遞送書信的老郵差，就是扮演著橋梁角色，為大家搭起溝通與愛的橋梁，其為善不欲人知的行徑著實令人動容。

　　媽媽希望你們能像故事中的老郵差一樣，不要吝惜給出愛。媽媽很喜歡已故的德雷莎修女（Mother Teresa）說過的一句話，媽媽以這句話與你們共勉：

Spread love everywhere you go.

Let no one ever come to you without leaving happier.

（在你所到之處散播愛，讓來到你面前的任何人，無一不是帶著更快樂的心情離開。）

　　媽媽希望你們記住，帶給人們歡喜與溫暖，是我們做任何事情的初心，千萬不要因為追逐名利而越來越背離了這個初心。媽媽相信愛是豐盛的；我們給出的愛，最終都會以另一種愛的形式回到我們身邊。就像故事末尾，老郵差得到眾人真誠溫馨的情誼一樣。

　　如果你們想得到愛，就不要被動苦苦地等待愛的降臨，要主動向人釋出愛與善意；當他人感受到你的善意，也會同樣以溫暖的方式回饋給你。

　　但是要記得，給予愛的過程也要貼心，要讓人感到舒服、沒有負擔。如果一廂情願地付出愛，一旦付出的方式不對，讓人感受到沉重的負荷，反而會得到反效果。記得喔！尊重對方也是人生一項很重要的課題，讓我們一起在人生旅途中，學習表達愛、散播愛！

──向故事裡的老郵差看齊的媽媽

同理他人，給予溫暖的支持

在流動的情緒中，學著理解、轉化與沉澱

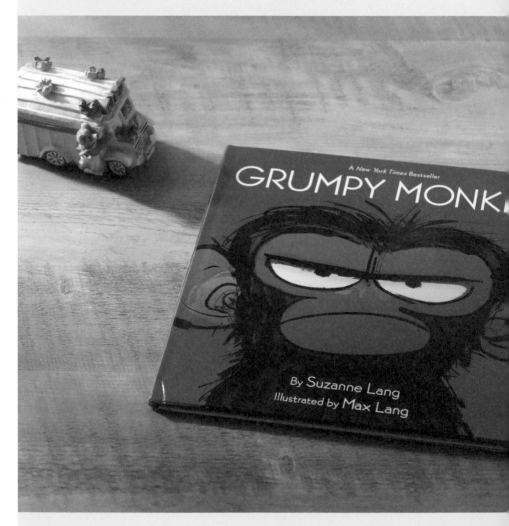

每個人都有心情欠佳的時候，

這時需要的，不見得是他人的安慰或建議，

而是朋友善解人意地靜靜陪伴。

繪本
data

書名：Grumpy Monkey
作者：Suzanne Lang
繪者：Max Lang
出版公司：Penguin Random House

早安，恩和軒，昨天早上你們看到媽媽吃早餐時面無表情，也都沒有講話，我想你們大概猜出媽媽是心情不好吧！是的！媽媽也會有心情差的時候，謝謝你們體諒媽媽，靜靜地吃完早餐，然後出門去上學。

有時候媽媽其實很羨慕你們，早上醒來有起床氣，發洩一下很快就沒事。媽媽在想，如果哪一天我也把我的起床氣在餐桌旁毫無顧忌地發洩出來，我猜你們都會嚇一大跳吧！（笑）

話說回來，人都難免會有突如其來的心情鬱悶，這是人之常情。重點在於，當負面情緒來襲，一定要找管道排解，絕不能強壓抑在心頭，否則日積月累，恐爆發成不可收拾的局面。也就是說，我們必須學習轉化心中的不愉快，重新返回平和的心靈狀態，繼續往前把日子過好。

有本繪本名為 *Grumpy Monkey*，媽媽想透過它，和你們聊聊你我在生活中都會經驗到的一些「負面情緒」和對應之道。

繪本裡的千言萬語
30個故事，30封給孩子的成長情書

故事主角是隻人猿，名叫 Jim。一個風和日麗的早晨，Jim 醒來後不知哪根筋不對勁，看什麼都不順眼，就是所謂的起床氣吧！他遇到好友金剛 Norman，金剛也看得出 Jim 脾氣怪戾，他問 Jim 怎麼啦？但 Jim 就是說不上來為什麼自己心情很糟。天空這麼藍，香蕉這麼好吃，有什麼事會讓 Jim 心情感到惡劣呢？反正 Jim 就是覺得不爽，卻絲毫不願意承認他心情欠佳。

　　大金剛 Norman 嘗試讓 Jim 心情好一點，但是沒有用。無論 Jim 走到哪裡，都有其他動物看得出他正處於壞情緒。大家都不明白，這麼美好的一天，怎麼會心情不好呢？而大家也都好心地想要安慰他，想盡點子要逗他快樂起來。例如要他一起唱歌、一起跳舞、一起歡笑、一起玩水、一起在地上打滾、一起擁抱、一起吃美食……可是 Jim 就是什麼都不想做，也不承認自己心情不好。最後他終於忍不住大吼一聲：「我沒有心情不好！」然後就像颳一陣暴風似地離開大家。

　　當 Jim 終於找到獨處的機會，他開始對其他動物感到很不好意思，畢竟大家都是為了他好，想要他快樂，擁有好心情。此外，他也為自己感到難過，終於承認自己確實是心情不好——此時的

他感到非常悲傷。

　　這時，Jim 又遇見大金剛 Norman，大金剛的臉色看起來也不太好。Jim 問 Norman 是不是心情不好呢？Norman 說他剛才和刺蝟一起跳舞，被刺蝟的刺螫到了，雖然感覺痛，但這沒什麼，很快就會好了。

　　接著，Norman 問 Jim 心情還是不好嗎？Jim 終於承認，他的確心情不怎麼美麗，不過他相信心情很快就會好一些，只是現在的他，就是需要好好地暫時處在糟糕的情緒裡。Norman 附議道：「今天的確是適合壞情緒的日子！」Jim 聽到 Norman 這樣說，感覺到自己被同理了，心情頓時好多了！

◎　　◎　　◎

　　當媽媽看到繪本最後一頁，Norman 靜靜陪伴在 Jim 身旁，兩人共賞夕陽的畫面時，心頗受觸動。能有同理自己感受並願意陪在身邊的朋友，是多麼幸福的事！

　　每個人都有心情欠佳的時候，這時需要的，不見得是他人的

繪本裡的千言萬語
30個故事，30封給孩子的成長情書

安慰或建議，而是朋友善解人意地靜靜陪伴。安慰朋友有許多方式，媽媽希望你們在遇到好友心情低落時，能懷抱同理心耐心陪伴，而非一味地要對方趕緊快樂、振作起來。

倘若是你們處於壞情緒中，朋友無法同理你們的心情，用了不怎麼適當的方式來安慰你們，媽媽希望你們也能明白他們是出於善意，只要明白地告訴對方自己需要一點時間獨處就好，切莫遷怒於他人。

人的情緒是流動的，不可能一直保持在開心的狀態。當你們感到心情不佳，無法排解時，不妨找個舒適的空間獨處一下，或是到戶外散散步，讓負面情緒慢慢得以轉化。

如果你們想要找媽媽聊聊，媽媽也絕對樂於傾聽。請永遠記得，媽媽是你們的超級好朋友，只要你們需要媽媽陪伴，媽媽都會在。

——偶爾也會心情不好的媽媽

宇宙富足豐盛，足夠每個人享有

心很寬，世界很大，感受豐盈幸福

這世界上有形的和無形的資源，
是足夠分給每一個人的，
我們不可能透過強取，
而得到心靈真正的豐盈與幸福。

繪本
data

書名：There's Room for Everyone
作者＆繪者：Anahita Teymorian
出版公司：Tiny Owl Publishing Ltd

晚安，恩和軒，此刻你們已深深進入夢鄉，媽媽注視著你倆的睡顏，心頭暖暖，感受著生命的美好與幸福。

你們知道的，媽媽每天騎著機車上下班，對媽媽來說，以機車代步，是媽媽移動的日常。只是今天傍晚的一件意外，讓媽媽遲遲無法忘懷。

學校放學時刻也是其他公司行號的下班時間，市區交通頓時進入尖峰時刻，許多主要道路都塞車連連，大家心裡都想著要趕快回家，或趕去赴約等。有個騎士等得不耐煩，突然切過媽媽機車前面，把媽媽嚇了一大跳，他又硬要在車水馬龍之間擠出一條路，最後與前面的另一位騎士發生擦撞，還引發糾紛。目睹整個驚險過程，媽媽真的驚嚇到心臟撲通撲通地跳得好快。幸好他們雙方都沒有造成重大傷害，實在是不幸中的大幸。這位騎士實在太莽撞，為了搶快、爭搶道路的空間，不僅可能危害到他人，也會傷害到自己，真是雙輸的局面。

想到這裡，雖心有餘悸，但腦海裡連結到一本名為 *There's Room for Everyone* 的繪本，想要分享給你們，希望你們這個週末能夠抽空閱讀一下。

這本書的作者是一位伊朗籍的女性繪本作家，她的國家長期處於戰爭或與其他國家對抗的狀態，她能在制度不是非常民主的伊朗世界，寫下這本沉痛呼籲的繪本，實在勇氣十足。

繪本中的小男孩訴說著他出生之前，待在媽媽的小小肚子裡，那時感覺這樣的空間對他來說就已足夠。小男孩出生之後，慢慢長大了，他所居住的溫馨小窩，對一家三口來說，空間也算足夠，連玩具都有地方放。晚上望著夜空，星星們和月亮都找得到他們閃爍發光的位置。到了早晨，也看得到花園裡所有的鳥兒都有立足之處。在圖書館中，每本書都有它們擺放的空間。長大之後，男孩當了船員，探索世界各地，發現海洋給予所有魚類、甚至鯨魚足夠的空間。他所到之處眼見的動物都找到自己安身的空間，其中也包括體型龐大的長頸鹿與大象。

然而，故事主人翁環遊了世界，卻發現世界各地的人類都在爭奪空間，例如公車上的空間、狹小的空間、像國家一般大的空

間等等。而後，當故事主人翁年紀大了，他感觸良多地想與大家分享一個祕密，那就是：

If we are kinder, and if we love each other, then, in this beautiful world, there's room for everyone.

（如果大家都能保有仁慈、善心，大家都能彼此相愛，那麼，每個人與每種生物都能在這個美麗的世界保有安身的空間。）

◎　　◎　　◎

親愛的恩和軒，宇宙之大，原本是足以讓所有物種皆有容身之處的，然而人類的自私與貪婪，導致無視於其他生物的棲息之需，竟大舉入侵牠們的空間。例如，人類為了取得更多種植高經濟作物的空間，而侵占各地雨林，破壞當地民族與他種動物的生存空間。又例如，人類在自己的社會裡，因自私心作祟，在遇到大排長龍的情況下，出現插隊爭搶名店美食之醜態；為了搭上公車或火車，爭先恐後地相互推擠，而造成人員受傷的新聞事件亦

時有所聞；因覬覦他人的土地，發動侵略戰爭，造成無數的傷亡與人民的流離失所，亦是當今全球動盪不安的原因之一。

媽媽真心覺得，退一步海闊天空。宇宙如此地富足豐盛，足夠我們每個人享有，根本無須彼此競爭、廝殺、搶奪。如果大家都能像這本書裡的主人翁所說的，保有仁慈與善心，彼此相親相愛，那麼，每個人與每種生物都能保有自己的生存空間，地球也才能長長久久地成為我們賴以存活的美好家園。

就像這本繪本的書名 *There's Room for Everyone*，媽媽真的非常認同這句話。這世界上有形的和無形的資源，其實是足夠分給每一個人的，惡性較勁和相互爭搶，只會造成更多難解的衝突，我們不可能透過強取，而得到心靈真正的豐盈與幸福。

夠了就好，其他的就分享出去吧！媽媽與你們互勉，希望你們將來長大，願意把你的資源、你的人脈、你的才能、你的幸福，以你覺得舒服的方式分享出去，形成共好的情感連結網絡。你不會因此有任何的損失或匱乏，相反的，你可能會因而獲得更多意想不到的恩典。

媽媽深深地祝福你們，願你們時時感受愛，也不吝分享愛。

——永遠樂於分享的媽媽

傾聽與擁抱，勝過任何言語

安靜陪伴，一種柔軟的力量

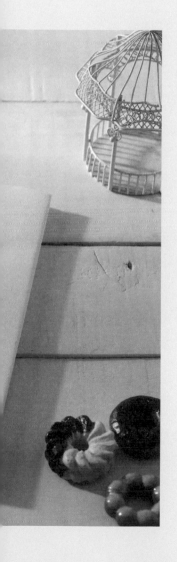

很多時候，我們心情不好，
並不想要別人用所謂的智慧之語來開導我們；
我們要的，
只是一個簡單、有溫度的陪伴與擁抱而已。

繪本
data

書名：The Rabbit Listened
作者&繪者：Cori Doerrfeld
出版公司：Dial Books

親愛的恩，妳今天放學回到家，看起來情緒有些兒低落，問妳「怎麼了？還好嗎？」妳沒有多說什麼，只提到妳的一位好朋友今天考試考砸了，看他心情不好，愁眉不展的模樣，好想做點什麼讓他開心起來。可是，妳說了一些安慰、鼓勵他的話，他卻一點都不領情，還是處於頹靡不振的狀態，妳覺得自己好遜喔！沒能幫上朋友的忙。

恩，其實媽媽以前也覺得自己很不會安慰人，後來媽媽發現，有時候不用多說什麼，只要抱持同理的態度傾聽對方說話，拍拍他的肩，握握他的手，或是給他一個溫暖的擁抱，他就會有被支撐的感覺，心情就會慢慢紓解開來。

◎　◎　◎

有一本繪本 *The Rabbit Listened*（中文版書名為《別傷心，我會陪著你》）就是在講這樣一個被理解、被安靜陪伴的故事。故事的主角是一位名叫 Taylor 的小男孩，有一天他突然決定要蓋一個不一樣的東西——這個東西要很創新，要很特別，還要很令人驚

繪本裡的千言萬語
30個故事，30封給孩子的成長情書

豔。當 Taylor 完成時，他對自己的城堡作品感到十分滿意、自豪。

　　然而，不知從哪裡冒出一群烏鴉，旋風式地飛過 Taylor 的作品，把他的作品推倒，變成一片廢墟。公雞最先看到這副慘狀，公雞不斷叫著好可惜，並邀請 Taylor 一起好好談一談。可是 Taylor 並不想講話，因此公雞甩頭離開了。

　　接著來的是一隻大熊，看到傾倒的城堡，他發出怒吼的聲音說，這真是太慘了，他相信 Taylor 一定非常地生氣，他邀 Taylor 一起跟他盡情地大吼、發洩怒氣。可是 Taylor 並不想吼叫，所以大熊自討沒趣地走掉了。

　　然後，來了一隻大象，他看到倒塌的城堡情景，認為只要認真回想，一定有辦法重建一模一樣的城堡。但是 Taylor 這個時刻並不想去回想，大象也轉身離開 Taylor。

　　後續又來了不同的動物，用不同的方法安慰 Taylor，例如土狼要 Taylor 一起笑看這個結果；鴕鳥要 Taylor 跟他一起把頭埋進土裡、逃避這個事實；袋鼠媽媽建議 Taylor 乾脆放棄，把城堡丟掉算了；而狡猾的蛇，則邀 Taylor 一起去把別人的東西也毀掉，讓自己的心情能平衡一下。面對這麼多的建議，Taylor 一點都不

想要做；最後這些動物都離開了，留下 Taylor 孤獨一人，和他那被烏鴉弄得一團糟的城堡。

四周靜默無聲，Taylor 根本沒注意到兔子的到來；兔子越靠越近，最後依偎在 Taylor 的身旁，讓他感受到一股暖流。他們默默不語地坐在一起，直到 Taylor 說：「請待在我身邊！」兔子與 Taylor 擁抱，靜靜地聽 Taylor 訴說事情的經過；聽著他吼叫發洩情緒；聽著他回想；聽著他大笑。等時機到了，兔子傾聽 Taylor 訴說他等不及要重建城堡的計畫。最後，他們一起建造出比先前那一座城堡更令人驚豔讚嘆的城堡。

◎　　◎　　◎

恩，妳是不是也覺得 Taylor 能遇到這隻善解人意的兔子，真的好幸福呢！

不管是大人還是小孩，生活中總會在哪個時候，不知從哪裡冒出不如意的事情或意外。一開始可能會感到沮喪、難過，這時有人會想獨處，自己把難過的情緒化解掉；也有人此刻需要的是

他人的安慰，以度過心情的低潮。我們都曾安慰過別人，也曾被別人安慰過；我們都明白，對的人用對的方式安慰對方，方能確實發揮撫慰的效果。

這個故事裡，好多不同的動物其實都很好心，他們看到Taylor 的城堡被摧毀了，都想安慰他，也給予他許多建議，但是他們都忽略了 Taylor 當下真切的需要，並不是旁人七嘴八舌的建議，而是安靜專注的聆聽與真實溫暖的擁抱。這一點，兔子做對了，他贏得了 Taylor 的信任與感謝，讓 Taylor 終於願意敞開心房，吐露自己真正的心情。兔子耐心陪伴與傾聽的過程，療癒了Taylor 受傷的情緒。

很多時候，我們心情不好，並不想要別人用所謂的智慧之語來開導我們；我們要的，只是一個簡單、有溫度的陪伴與擁抱而已，妳說是不是？

下次，當妳不知道該以什麼樣的言語安慰沮喪中的朋友時，不用煩心，如果朋友想要有人陪，妳就靜靜陪著他吧！不用特別給予他什麼建議，只要讓他知道他的感受有人懂得，這樣對他來說，可能就是莫大的力量了。

——也希望能時常給予妳溫暖支撐的媽媽

希望，人間至美

保持盼望，在心裡點一盞微光

其實啊，只要是人，

都會有情感受挫、情緒低落

或是一蹶不振的時候，

我們真的不容易時時保持正能量。

不過，還好我們有彼此，對不？

繪本
data

書名：Hope

作者：Corrinne Averiss

繪者：Sebastien Pelon

出版公司：Words & Pictures

親愛的恩和軒，這兩年每逢媽媽生日當天，你們總是會回想起大前年媽媽生日那一個晚上，我們搭爸爸的車一同陪外公去姑婆家吃尾牙，外公在餐會上一時開心，多喝了幾杯，回程我們都沒注意到外公已經喝得醉茫茫。車開到外公家門口時，我們告訴外公：「到家囉！」外公打開車門，從車裡起身出來，站立沒幾秒鐘，就啪地一聲倒在地上，後腦勺撞擊地面，發出好大的聲響。我和爸爸嚇到了，驚慌失措，不知怎麼辦好？還好外婆立即叫來救護車，把外公送到醫院去。

外公那一陣子除了喝醉酒跌撞地面，又緊接著罹患流行感冒，整個人虛弱不堪，出入醫院好幾回。外婆那時看外公身體狀況不佳，擔心地流下淚來，甚至悲觀地認為外公大概難過此關，老命不保了。

感受到外婆的憂愁，媽媽那時心情沉重不已，不知該說些什麼。感恩你們的二阿姨立馬回應外婆：「為什麼都往壞的方面想？爸的身體狀況可能沒有那麼糟，你們卻一直想著他身體不行了、好不起來了，這樣不是把負能量全都傳遞給爸嗎？我們不是應該抱持希望，相信爸會好起來，這樣才對嗎？」

繪本裡的千言萬語
30個故事，30封給孩子的成長情書

媽媽之所以會憶起這件事，是因為近日讀了一本名為 *Hope* 的繪本，頗受感動，不禁想起你們的二阿姨當時說的那段話。當時家裡真是愁雲慘霧一片，多虧二阿姨提醒我們要正向思維，要我們以「祝福」取代「擔憂」，以「希望」取代「悲愁」，我們方能和外公一起挺過那段艱難啊！

　　來說說 *Hope* 這本繪本裡的故事給你們姊弟聽吧！

◎　　◎　　◎

　　小男孩 Finn 養了一隻狗 Comet，他和 Comet 感情非常好；有 Comet 的陪伴，Finn 的日子充滿歡笑與樂趣。然而，有一天，Finn 發現 Comet 病懨懨的，一動也不動地窩在自己的小床上。Finn 和爸爸一起帶 Comet 去獸醫院，獸醫幫 Comet 做了身體檢查後，對 Finn 說：「我們會設法救治牠，但是牠可能會慢慢好轉，也可能日益惡化。無論如何，我們都會照顧牠。」

　　Finn 很想留在獸醫院陪伴 Comet，可是爸爸搖搖頭沒有答應。返家後，少了 Comet 在身邊陪伴的 Finn 感覺好孤單，也好擔心

Comet 的病情，他的眼裡滿是淚水。

爸爸帶著手電筒進來 Finn 的房間安慰他，Finn 問爸爸：「我們可以為 Comet 做些什麼呢？」爸爸把手電筒遞給 Finn，並回答：「我們所能做的，就是懷抱希望。『希望』就是，無論事情看起來多麼黯淡無望，都要持續讓微光不滅。」

Finn 雖然覺得要抱持希望真不是件容易的事，但為了他的愛狗 Comet，他願意做任何事情。Finn 打開手電筒，讓手電筒持續散發微光，並且在心裡保持盼望，盼望 Comet 夠勇敢，盼望 Comet 能健健康康返家。當他內心懷抱希望時，他發現事情並沒有想像中那麼壞。

夜深了，Finn 睡不著，他讓手電筒繼續亮著；而後，他發現有比手電筒的光更亮的光從窗戶照進來，是月亮！他向月亮道謝，並對著月亮送出他最大的希望：「希望 Comet 知道他有多愛牠。」

後來，Finn 不知不覺進入夢鄉，在他睡著的時候，夜空中滿是 Finn 和其他戶人家發散出來的代表希望的點點亮光，這些溫暖的光，都是人類對他們摯愛寵物的愛與祝福。

繪本裡的千言萬語
30個故事，30封給孩子的成長情書

隔天，Comet 回家了，雖然看起來仍舊虛弱疲累，但身體已經好多了。Comet 看到 Finn，開心地撲向他！Finn 好開心 Comet 回來了，他對 Comet 說：「我有為你送出希望喔！」這對感情極為要好的玩伴，又能夠歡歡喜喜地生活在一起了。

◎　　◎　　◎

　　看完這個故事，媽媽真心覺得：「『希望』實為人間至美。」無論眼前遇到什麼樣的難關、挫敗或苦難，如果我們就這麼被擊潰了，悲觀看待所遭遇的一切，那會多麼難以度日啊！日子總是要往前過的，不帶盼望、委靡喪志也是過一天，抱持盼望、樂觀以對也是過一天，那為什麼不選擇懷抱希望，把日子過好呢？

　　「希望」能散發出巨大的能量給自己和他人；能量雖是肉眼無法看見的東西，但它的確存在於宇宙之中。

　　與其讓擔憂、傷心、哀愁等負能量瀰漫於己身，甚至傳遞給我們所愛的人，倒不如提起正念，活在當下，不耽溺過去，不煩憂未來，把祝福、盼望與關懷這些帶有正能量的愛與光，送給自

己也傳送給我們所愛的人，這樣一切必定會更美好、更完滿，是不是呢？

其實啊，只要是人，都會有情感受挫、情緒低落或是一蹶不振的時候，我們真的不容易時時保持正能量。不過，還好我們有彼此，對不？下次我們當中有誰遇到什麼關卡過不去，委靡不振，盡說些喪氣話時，記得相互提醒：「好好回到當下，深呼吸，也要握著希望，不放棄。」

我想，我們親子之間若能在關鍵時刻，給予彼此溫暖的正能量支持，將會是我們送給對方最美麗也最可貴的人生禮物了！

——希望可以一直是溫暖你們內心的愛與光的媽媽

繪本裡的千言萬語
30個故事，30封給孩子的成長情書

願你們是散播喜悅與愛的小天使

用心感受，小確幸藏在平凡生活中

我們都不應該輕忽微小的力量，

如果能經常對別人綻放笑容、傳遞善意，

這些美善的舉動是會感染給別人的，

然後別人也會以真誠的微笑去感染他人。

繪本
data

書名：Pass It On
作者&繪者：Sophy Henn
出版公司：Philomel Books

親愛的恩和軒，今天媽媽在學校走廊，無意間見到學生在打掃時，拿著水管噴水、澆淋花草樹木，水花在陽光的反射下，呈現出一道微微的彩虹……周遭的同學看到這一幕，都高興地拍手叫好，引起其他同學的注意，紛紛跑來看這道水花彩虹；連媽媽見著了，也心情大好，嘴角不禁上揚、微笑。當然，媽媽也忍不住想把這份生活小確幸跟你們分享，相信你們當時若在場，看到了也會感到非常驚豔、開心。

還記得在你們很小的時候，有一次下雨天媽媽帶著你們出門，你們開心地在公園踩踏著水窪；那時的你們，踩得好興奮，那種歡樂的心情，瞬間感染了媽媽，相信也傳遞給周遭看到的人們。媽媽心想：能夠把快樂、歡笑傳遞給別人，讓他人也能夠感受到這種歡樂美好的氣氛，是我們身為人很重要、很珍貴的一種能力呢！

今天，媽媽想要推薦給你們姊弟倆 *Pass It On* 這本繪本。

◎　　◎　　◎

繪本裡的千言萬語
30個故事，30封給孩子的成長情書

在這繪本中，作者提到，當我們見到很棒、讓我們微笑的事物，我們就應該把這個微笑傳遞給別人；當我們經歷了會讓我們咯咯笑的體驗，我們應該把這讓人發笑的體驗，傳遞給他人。當有歡樂的事發生在我們身上，我們應該把這種歡笑感染給別人；當我們見證到神奇的事物，不由自主地發出讚嘆，我們應該把這種喜悅傳播給別人。這些我們發自內心的微笑與喜樂，在散播出去之後，原本少許的幸福，會變成無法計量的幸福，世界也會因此變得更好一點；小小的微笑，就會變成巨大的微笑。

另外，作者還告訴我們，有時候樂趣與歡笑藏在不尋常之處，但只要找一找，就能找得到，例如和朋友一起哼哼歌，相互擁抱，或給彼此一個微笑。即使天空灰濛濛，下著雨，你知道要怎麼做：穿著雨衣和雨鞋，在雨中揮灑著歡樂，再傳遞給別人。

有時候你會覺得寂寞，那麼就尋找夥伴，一起玩耍，找到樂趣，再把這種快樂傳播給他人。有時候在你不經意之間，一個笑聲或微笑就在你身後，傳遞回報給你。

作者希望大家都能好好享受歡樂時光，讓快樂的感覺洋溢在你的生命中，然後再將這種快樂散播出去給更多的人。

◎　◎　◎

　　這本繪本裡提到尋找快樂與歡笑的方法，其實都不難，相信你們姊弟倆都做得到，對不對？當媽媽生下你們姊弟倆之後，除了祈願你們平安健康長大成人之外，更希望你們能夠度過快樂人生。

　　然而，想要有一個快樂人生，不能只是自己快樂就足夠，如果你們周遭的人都不快樂，整個社會瀰漫悲觀與暴戾的氛圍，相信你們也無法快樂起來——這種感染力是相互影響的。

　　我們都不應該輕忽微小的力量，如果我們能經常對別人綻放笑容、傳遞善意，這些美善的舉動是會感染給別人的，然後別人也會以真誠的微笑去感染他人，如此一個人傳遞給下一個人，媽媽相信整個世界是可以朝著正向與良善的方向發展的。

　　媽媽時常自我期許：「希望自己能在他人心中留下溫暖幸福的印記。」媽媽祈願自己在這短暫的生命歷程中，給人溫暖、給人幸福；盼望當有一天我不在人世時，所有在世所認識的人想到我時，會有著暖暖的幸福記憶。

繪本裡的千言萬語
30個故事，30封給孩子的成長情書

媽媽自省做得還很不夠，持續加油中！這條散播歡樂散播愛的路上，媽媽想邀請你們攜手同行，好嗎？願我們都能成為傳遞喜悅與愛的天使！

──喜歡傳播正能量的媽媽

如果有一天媽媽離開

勇敢告別，愛是永不熄滅的光

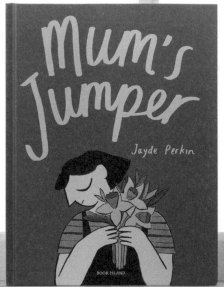

有一天，媽媽若先行離開，
請相信，媽媽的愛從未遠離，
會持續守護著你們，
為你們的內心帶來溫暖的微光，
直到很後來的後來，我們再度於天堂相逢。

繪本
data

書名：Mum's Jumper
作者&繪者：Jayde Perkin
出版公司：Book Island

親愛的恩和軒，華人社會較忌諱談死亡，然而，死亡是每個人生命都會通往的終點站；或早或晚我們都必須面對死亡，為什麼要避而不談呢？媽媽今天讀到一本很觸動心弦的生死議題繪本，很想藉由這本繪本和你們說說心底話。

◎　　◎　　◎

故事裡的媽媽生病過世了，小女孩好悲傷，她感覺一切很不真實——這時就算有人捏她一下，她肯定也不會有任何感覺。內心感到又冷又累的她，無法安穩入睡⋯⋯

在媽媽的喪禮上，許多大人都帶來卡片與鮮花致意。每個人神色沉重哀戚，看到小女孩年紀還這麼輕，都忍不住要表達對她的關懷與同情。

後來有一段時間，小女孩在學校上課難以專心——出現在她身旁的聲音是那般遙遠、不真切。她覺得自己好像在大海中游泳了好多天，身體疼痛，不知何時能上岸？爸爸告訴她，有這種感覺是正常的，這種感覺叫「悲傷」，爸爸也和她一樣處在如此的

繪本裡的千言萬語
30個故事，30封給孩子的成長情書

悲傷中。

　　自從媽媽過世後，學校的老師和同學都對小女孩很好，很照顧她，然而小女孩不知道為什麼還是覺得好孤單好孤單……有時候，當她看到其他同學的媽媽，在放學後來接她們的小孩回家時，甚至會莫名地感到憤怒！

　　小女孩和爸爸整理著媽媽遺留下來的物品時，她看見一件媽媽生前穿著的紅色羊毛套衫，她好喜歡它！

　　好一陣子，小女孩時常穿著這件羊毛套衫──它有媽媽的味道；但後來衣服上媽媽的味道漸漸淡去，取而代之的是小女孩自己身體的氣味。有些人說悲傷會隨著時間變得越來越小，爸爸則說：「悲傷好比是媽媽的紅色羊毛套衫，大小不會改變，雖然現在它對妳來說太大件，等妳長大些再穿，就合身了。」

　　後來，小女孩把媽媽的羊毛套衫收進抽屜裡──她不再需要時時穿著它，但她喜歡知道它就在抽屜裡，這讓她感到安心。

　　故事的最後，小女孩領悟到，媽媽雖然形體不再，可是她感覺媽媽似乎無處不在──在空氣中，在大海裡，在花朵裡，也在她的內心和身體裡。

◎　　◎　　◎

　　親愛的恩和軒，媽媽讀過不少生死議題相關繪本，而這本是此類繪本中少數讓媽媽感動落淚的。媽媽喜歡這個故事裡的爸爸對「悲傷」的詮釋方式，也喜歡這個故事溫暖、療癒人心的結局。你們呢？你們讀完這本繪本後，又有著什麼樣的想法和心情呢？

　　媽媽想藉由這個故事對你們說，人生無常，我們都無法預知自己的死期。也許媽媽可以活到很老很老，陪你們很久很久；也或許，媽媽能和你們相互作伴的時間無法久長，來不及看見你們姊弟倆各自成家立業，也來不及抱抱我親愛的孫子。這說來似乎挺教人感傷，但這就是人生啊！生老病死、悲歡離合都是人生常態，不會因為我們假裝這些都不存在，就能夠遠離悲傷，從此人間只有幸福快樂，不是嗎？

　　倘若有一天媽媽永遠離開你們了，請你們不要太過傷心，傷心到不知道要好好吃飯、好好睡覺，這樣在天堂的媽媽看到了，雖然會感動於你們對媽媽的愛濃且深，但也會非常於心不忍的！

　　悲傷會有，但記得別被悲傷完全吞噬或擊垮，試著撥雲見日，

繪本裡的千言萬語
30個故事，30封給孩子的成長情書

找到向前行的熱情與力量，把自己的生命活好，讓媽媽以你們為榮，為你們感到驕傲，好嗎？

有一天，媽媽若先行離開你們，你們姊弟倆一定要相互幫助、扶持，給予彼此最大的鼓勵與支撐，而且記得幫媽媽多照顧照顧爸爸喔！

生命中有很多重要且珍貴的東西是肉眼看不見的，像「愛」就是。即使媽媽的軀體早你們好多步離開人世，媽媽給你們的愛會一直都在你們身邊。就像這個故事最後所言，媽媽雖身體消逝了，但只要你們用心感受，媽媽的愛其實從未遠離，會持續守護著你們，為你們的內心帶來溫暖的微光，直到很後來的後來，我們再度於天堂相逢。

——很愛很愛你們的媽媽

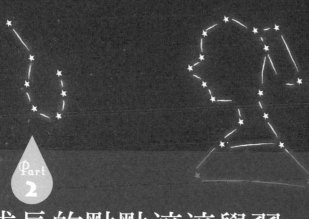

成長的點點滴滴學習

學習歷程與學習內容，
都會內化成為你生命的一部分。
你的思辨力、你的人文素養是慢慢積累形成的，
無法立竿見影。

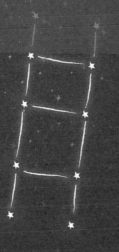

主動創造機會，讓別人了解你

打開心門，善意暖暖流動

別再動不動就說沒人懂你，
敞開心胸，去看見別人的好，
也讓別人看見你更多更多的好，好嗎？

繪本
data

書名：Anna and Otis
作者&繪者：Maisie Paradise
Shearring
出版公司：Two Hoots

親愛的軒，媽媽小時候極為內向害羞，除了親密的家人可以讓媽媽心情放鬆地說話外，每到人生地不熟的地方，不得不開口跟人說話時，總是讓媽媽焦慮萬分，講起話來結結巴巴、舌頭好似打了一個大結；就連要到巷口幫老爸買碗麵，也會讓我緊張不已，一路上不斷地在心裡揣摩著到底要怎麼開口跟老闆點碗麵⋯⋯

這就是小時候那個不善與人接觸的媽媽；你們聽了，一定會大感不可思議，覺得媽媽好蠢、好好笑吧？那時候的媽媽真的就是這樣，不知道怎麼跟不熟悉的人互動、說話，然後常常在心裡上演「悲情戲」：「嗚嗚，好孤獨啊，我就是個不被了解、不被喜歡的怪胎！」

一直要到很後來的後來，媽媽才領悟到一件事：「其實，不是大家不願意了解我，或是不願意喜歡、親近我，而是我把自己封閉起來，沒有給別人走近我的機會啊！」

軒，你現在常常和媽媽說不到幾句話，就會嘆氣：「唉，反正說再多，妳也不懂啦！妳就是不了解我的想法和感受。」媽媽也常回應你：「你不試著說說看，怎麼會知道媽媽不能了解呢？」

繪本裡的千言萬語
30個故事，30封給孩子的成長情書

媽媽知道你正來到彆扭、尷尬的青春期，急於向大人證明你不是小朋友了，正邁向獨立之路。你有很多話願意和與你年紀相近的姊姊說，卻覺得爸爸媽媽和你們成長的年代不同，因此有代溝，很多話懶得對爸媽說，一口咬定爸媽就是無法了解你們年輕人在想什麼。

　　媽媽好希望你最終也能像媽媽一樣領悟到，其實，不是爸媽不了解你，或沒有嘗試了解你，而是你有些時候真的把自己的心扉關得好緊好緊，爸媽不得其門而入啊！

　　和你分享一個故事，好嗎？

◎　　　◎　　　◎

　　小女孩 Anna 最要好的朋友，是一隻名叫 Otis 的蛇，他們倆時常在花園裡探險，一同度過無數愉快美好的時光。

　　有一天，Anna 向 Otis 提議到鎮上去探險，可是 Otis 知道有些人很怕見到蛇——儘管他並沒有毒性，也不會傷害人，但就是有人對蛇充滿恐懼，壓根兒不想看到他！所以，Otis 從未到小女

孩的家和花園以外的地方冒險。

　　不過，在 Anna 的鼓勵下，Otis 提起勇氣和 Anna 一同前往鎮上。結果一切如 Otis 先前所料，鎮上的人一看到他，議論聲四起，一點兒也不歡迎他。

　　Otis 被眾人排斥，難過之情溢於言表。從來沒看過 Otis 這麼傷心的 Anna 好氣憤，心想大家怎麼能這般不友善呢？於是，她對 Otis 說：「別擔心，他們應該是因為以前沒看過蛇，所以感到害怕，他們只是還沒有認識你而已。我們勇敢一點，再試試看吧！」

　　Otis 覺得自己其實並不怎麼勇敢，但他不想讓 Anna 失望，所以願意再試一下。Anna 提醒 Otis 見到人時，記得要微笑打招呼。

　　他們首先來到美髮店，一開始美髮師傅很怕 Otis，後來發現 Otis 親切和善，相處沒多久後，便翻轉了原先對 Otis 先入為主的負面印象，甚至還到處告訴他的顧客和朋友們 Otis 來他店裡的事情呢！

　　鎮上其他人也藉由不同的機會認識了 Anna 和 Otis，感受到 Otis 其實很好相處，而且也有很厲害、讓大家很崇拜的地方！大

繪本裡的千言萬語
30個故事，30封給孩子的成長情書

家後來都變成好朋友。每次他們兩個相約一同到鎮上玩的時候，都會受到全鎮的熱烈歡迎！

◎　　◎　　◎

　　親愛的軒，媽媽喜歡這個故事，是因為它提醒了媽媽：「不要埋怨別人不了解你，你可以主動創造讓別人了解你的機會。」媽媽到現在對於自己的心意與想法不被理解，有時候還是會感到難過，但讀完這個故事，讓媽媽的心結頓時解開了。原來，我可以再多主動出擊一些些，讓別人有更多機會了解我試圖表達的。

　　如果我做了努力，還是得不到美好的回應，那就選擇放下吧！我們無法期望事事如我們所願；可以做的都做了，那就放鬆心情面對眼前的一切吧！

　　軒，你還好年輕，每天對你來說都有好多好多的事情要體驗、學習，媽媽若是期望你、甚至要求你一下子就長大，做個懂事、不讓人煩心的乖兒子，這也太強人所難了，對不對？媽媽知道你初升國中，有新環境要適應，有新的老師和同學要磨合，還得承

受比在國小來得多很多的課業壓力，難免會有無法控制情緒的時候，而脫口說出傷害媽媽心的話；也容易在跟媽媽的情緒有所衝撞時，有不被了解又懶得多說什麼的心情。這些媽媽都懂得的，但還是好希望你下次在家裡或在學校遇到什麼狀況時，不要馬上封閉自己的內心，不要一下子就認定多說無益，別人就是不了解你。請你試著稍微把心門開啟，讓別人有機會感受到你其實並非如外表那般酷冷，其實你的心很暖很暖，這些都是要相處過後，別人才會知道的啊！

　　軒，別再動不動就說沒人懂你，敞開心胸，去看見別人的好，也讓別人看見你更多更多的好，好嗎？

　　　　——時常想要敲敲你心門，問句「你好嗎？」的媽媽

「多」不見得就是好

斷、捨、離，還身心一個清靜

能夠不被物欲綑綁，
少一點物質享受的追求，
不僅是善待地球資源的實際行動展現，
也會讓自己的心靈更快樂自由。

繪本
data

書名：More
作者：I. C. Springman
繪者：Brian Lies
出版公司：Houghton Mifflin
Harcourt Books

親愛的恩和軒，今天趁著你們姊弟倆都有戶外活動行程，媽媽找了空檔，整理一下自己的書房與書桌。

媽媽平時偶爾會唸你們不整理房間，現在才發現自己也是雜物一堆、物滿為患。尤其你們知道，媽媽最喜歡買書了，除了文字書，還收集了數千本中英文繪本。書架上放不上去的，就堆放在書桌上，甚至還把一落落的書疊放於地板上。看來要完全整理好，是一項艱鉅的任務，可要大費一番工夫！

在整理繪本時，媽媽看到這本名為 *More* 的繪本，故事內容其實跟媽媽現在囤積東西的情況非常類似，今天媽媽就來和你們分享這本繪本吧！

◎　　◎　　◎

一隻烏鴉發現自己的巢空盪盪的，他的老鼠朋友送他一顆彈珠，而他自己也撿到了一塊積木和一枚硬幣。他心想：這樣就夠了嗎？後來，烏鴉還是多去撿了一些包括鑰匙、項鍊、太陽眼鏡等東西回來。然而，烏鴉還是不滿足，覺得自己的巢可以再容納

更多的東西，於是又去撿了湯匙、懷錶、髮簪、珍珠項鍊、電線、梳子、牙刷、手鐲、杯子、機械零件……等等，種類不勝枚舉。

烏鴉還是沒有停止收集與囤積，總是想再多一點、再多一點，結果多到物品從巢裡滿溢出來……東西實在多到無法想像的地步。然而，烏鴉還是想著：這樣夠了嗎？

終於，烏鴉的老鼠朋友受不了了，他對烏鴉大吼：「夠啦！比需要的還要多太多啦！」老鼠指責烏鴉，不需要積存這麼多不必要的東西。

有一天，烏鴉費心收集的所有東西從鳥巢中掉了下來，他也被埋沒其中。這時，老鼠朋友們趕緊幫忙將一件件物品汰除，最後僅留下少許幾項物品，整個鳥巢看起來清爽多了。這下大家一致同意：這樣就夠了！

◎　　◎　　◎

到底要多於多少才叫「過多」呢？你們都還年輕，正在享受過著加法生活；然而，到了媽媽這個年紀，就該提醒自己要實行

減法生活——日常物品夠用就好，不再囤積無用之物，力行簡單知足的生活方式。能夠不被物欲綑綁，少一點物質享受的追求，不僅是善待地球資源的實際行動展現，也會讓自己的心靈更快樂自由。

其實，我們多數人的物質生活應是不虞匱乏的，但為什麼我們還會想要更多更多外在東西來滿足呢？是因為心靈空虛，而不斷外求嗎？還是我們受資本主義消費文化的刺激，不斷接收來自四面八方廣告信息的誘惑，禁不住要不停地買、買、買呢？

媽媽想告訴你們，真正的快樂從來就不是來自物質欲望的追逐和滿足；擁有許多許多的東西，並無法為內心帶來真正的平靜、富足與喜悅。快樂的泉源，來自自我精神層面的提升、人與人之間真誠自在的交流，也來自珍惜周遭的人事物。「知足常樂」看似老生常談，卻是恆久不滅的智慧之語啊！

華人社會有年終大掃除的傳統，冀盼我們清掉的，不只是居家空間多餘的物品，也能藉由這個一年一度大清掃的儀式，同時淨化我們的心靈，迎接嶄新的一年。

媽媽想邀請你們一起來幫媽媽進行這項「斷、捨、離」的工

作，讓我們的住家環境和我們的心靈空間都能乾淨清爽，好嗎？

──努力整理雜物的媽媽

如果你想開啟一段新的友誼

懷抱真心善意，友誼伴隨而來

希望你能珍惜學生時代
所邂逅的每一段純真善美的友誼。
更重要的是，
若想結交真心真意待你的朋友，
就必須先做一個真心誠意對待朋友的人。

繪本
data

書名：Shy
作者&繪者：Deborah Freedman
出版公司：Viking Books

早安，恩，今天早上看著妳穿著國中制服出門上學的身影，媽媽好欣慰也好感動。

首先，恭喜妳成為國中新鮮人，邁入新的學習階段。離開待了六年的小學校園，來到全新的國中環境，妳是否感到焦慮緊張？有沒有在班上遇見和妳來自同一個小學的同學呢？

其實，國中校園集結了來自不同小學的同學，班上每個同學的家庭背景及其就讀小學的校園風氣也有所不同，如果妳和班上同學都不認識，沒有人下課陪妳聊天、一起上廁所、中午一起吃午餐，一開始一定很不適應，對不對？

可是，從另一方面來想，這正是交新朋友的好機會啊！媽媽在想，不知道妳是否已經在班上交到聊得來的朋友了呢？妳有沒有對某些同學印象很好，想進一步主動認識他們呢？妳都怎麼結交新朋友呢？會不會覺得主動跟新同學接觸，有些害羞彆扭呢？

媽媽記得在國中時期，也曾遇見幾個好想認識的同學。在那個沒有 email，沒有 line 和臉書，也沒有線上電玩遊戲的年代，媽媽當時是透過寫字條或信件來連結新朋友、向他們傳達友好之意的。媽媽發現，只要發自內心真誠，即便媽媽那時內向、不善言

語，對方還是能透過媽媽信裡的文字感受到真心善意，願意和媽媽展開一段彼此交心的友誼。

今天，媽媽想分享一本繪本給妳，希望這本繪本在妳展開一段新友誼之際，帶給妳正向的能量與暖心的鼓勵。

◎　　◎　　◎

這本名為 *Shy* 的繪本，是作者自身的寫照。作者原本就是一個內向害羞的人，因此她將故事的主人翁──長頸鹿，命名為 Shy。Shy 很喜歡鳥的聲音，故事另一個主角就是一隻名叫 Florence 的鳥。在作者的日常生活中，她非常喜歡鳥兒，因此她居住在鄉村，每天都能聆聽鳥的鳴叫。

長頸鹿 Shy 從書中讀到鳥兒有金色羽毛，飛得比風快，還能發出無數種悅耳的聲音。Shy 好想親眼看到、聽到真正的鳥。有一天，Shy 真的遇到一隻鳥，果然與書中描寫的特性一樣！Shy 好想認識小鳥，跟他說說話，可是因為自己的害羞個性，一直遲疑著。沒想到，在 Shy 還沒付諸行動之前，鳥兒已經飛走了。

由於 Shy 真的非常想與這隻鳥兒為友，所以他展開了尋找鳥兒的行動；也因此，Shy 第一次有機會看見全新的世界——他放眼所見，一如在書裡讀到的每個場景。

　　後來，在 Shy 遍尋不著鳥兒、失落地返家後，他聽見清亮的鳥叫聲……這一次，他不想再錯過機會了，他發出友善的聲音，鳥兒 Florence 也給予回應，飛向 Shy。兩隻不同的動物臉紅地相互自我介紹；長頸鹿 Shy 就這麼如願地開啟與小鳥 Florence 的新友誼。

◎　　◎　　◎

　　親愛的恩，妳看，即使是害羞內向的人，也能夠交到好朋友的。也許妳會擔心：「若是被對方拒絕，或是對方反應冷淡，那自己一定會很難過的！」的確，剛開始短時間會感到難過，但至少妳已經嘗試過了，就不會留下遺憾。如果妳想與某位同學交朋友的善意沒得到正向回應，可以換個角度想，也許這個同學沒有妳想像中那般適合妳也說不定呢！交朋友需要靠緣分，班上、甚

繪本裡的千言萬語
30個故事，30封給孩子的成長情書

至其他班級還是有許多同學值得妳去認識喔。妳可以再去尋找、結交其他新朋友。孔子曾言：「友直、友諒、友多聞。」不同的朋友帶給妳不同的生活和心靈的滋潤，每個朋友都能為妳開啟一扇看見更廣大遼闊的世界之窗。

此外，媽媽想與妳分享，學生時期所交往的朋友，是最沒有利害關係的，希望妳能珍惜學生時代所邂逅的每一段純真善美的友誼。更重要的是，妳若想要結交真心真意待妳的好朋友，就必須先做一個真心誠意對待朋友的人。

未來，在妳離開校園、出社會後的交友網絡可能會漸趨複雜，較不易覓得單純的友誼。但媽媽始終信仰「真誠」，願妳在他日處於爾虞我詐的現實社會中，仍保有真誠待人之心。而所謂「真誠待人」，並不是要妳當個爛好人，而是不虛偽、做自己，發自內心的與人友好，不為了某些利益向人攀附關係，或是阿諛奉承。

媽媽期盼妳能在班上或校園裡發掘值得交往的朋友，把害羞拋在腦後，主動向對方表達想與他們為友的心意。祝福妳交到聊得來、彼此給予正向能量滋養的好朋友，媽媽愛妳。

——也很愛交朋友的媽媽

永遠別失去信心與對未來的盼望

錯誤，是修正下一步行動的參考

從挫折中汲取寶貴的教訓與經驗，
化為滋養自己的養分，
未來的你們回首來時路，
將會感恩因著這些滋養，
心靈得以漸趨沉穩與富足。

繪本
data

書名：Sometimes You Fly
作者：Katherine Applegate
繪者：Jennifer Black Reinhardt
出版公司：Clarion Books

親愛的恩和軒，有一首歌的歌詞這麼寫著：「這是一句好話：再試一下。一試再試做不成，再試一下。這會使你的見識多，這會使你的膽量大，勇敢去做不要怕，再試一下。」雖然這是一首簡單的歌，但能完全做到歌詞中所說的「不要放棄，再試一下」這樣的人依舊少於多數輕易放棄的人。

你們有過什麼事情，在嘗試幾次沒成功之後，就宣布放棄的呢？媽媽猜這樣的狀況應該時而有之吧！

今天媽媽想推薦你們閱讀的這本繪本 *Sometimes You Fly*，雖然字數不多，卻寓意深遠，相信會讓你們有深刻的感觸與體會。

◎　　◎　　◎

作者在書中呈現不同的人，從出生到長大的過程中所遭遇的許多情境，藉此來告訴讀者：成長本身就是一件不容易的事，在你們嘗試任何事情、到成功之前，可能會歷經許多失敗，就看你們是否保有持續嘗試的心。

作者列舉不少生活中的例子，比方說媽媽要幫孩子慶生，決

繪本裡的千言萬語
30個故事，30封給孩子的成長情書

定親自做一個蛋糕，但是在蛋糕成形之前，媽媽可能會遭遇許多失敗，包括看不懂食譜、用錯麵粉、打蛋時連殼一起掉進麵粉中、烘烤時間沒抓準而導致蛋糕焦黑……等等。雖然如此，媽媽還是一再地從錯誤中學得經驗，在下次製作蛋糕時，知道該如何調整，以避免重複上一次的錯誤。

終於，媽媽為孩子製作出一個既漂亮又美味的生日蛋糕；看著孩子歡欣的表情，媽媽也覺得好開心，感受到一切的嘗試最終都以甜美收場。

◎　　◎　　◎

再舉例來說，學生面對課堂上爆炸般的龐雜知識，腦筋都打結了，這樣的挫折會讓他們意識到，如果要解開課堂知識的謎，下課後，應該花更多時間去鑽研、克服這個謎團；當成功解開了謎團，學生會得到很大的成就感。

而專業能力的養成也一樣，我們都要經歷多年的用心學習，過程中難免遭逢挫折或失敗，但是只要不氣餒，繼續努力嘗試，

並找到方法突破瓶頸，就有歡喜收成的機會。

交朋友也是一樣，我們要努力嘗試對別人友好，也許第一次不能馬上贏得友誼，但多嘗試幾次表達我們的善意，相信對方慢慢地就能感受到我們的真誠。如此，我們便有可能在茫茫人海中交上幾位真心不換的好朋友。

作者告訴我們，人生中我們採取的每一個做法，有的會讓我們失敗，有的會讓我們成功，重要的是，我們要從錯誤與失敗中虛心學習，從中獲取珍貴的經驗和教訓，作為修正下一步行動的參考。

親愛的孩子，人生是一個有起有落的歷程，在成功之前，我們可能都會經歷一些挫折，不要因此自我否定，覺得自己就是個魯蛇（loser）。這些都只是過程，別急著為自己下負面的評判，從挫折中汲取寶貴的教訓與經驗，化為滋養自己的養分，未來的你們回首來時路，將會感恩因著這些滋養，心靈得以漸趨沉穩與富足。

生命是一個緩慢向前推進的過程，不妨給自己時間慢慢長大，盡情去經驗並體會生命的憂傷和甜美，漸漸學習變成一個比

現在更美好的人。

　　下次媽媽要嘗試做一道新料理給你們品嘗，在成功做出一道美食之前，請你們也要多給媽媽機會，再試一下喔！還有一直學不會騎腳踏車的姊姊，千萬不要放棄，再試一下喔！

　　　　　　　　　　　——贊成生活需要多努力嘗試的媽媽

當有人試圖激怒你

學會寬恕，就是愛自己

寬恕他人，其實是因為我們愛自己，
不想因為別人的失當言行，
擾亂了我們心靈的平靜。

繪本
data

書名：Desmond and the
Very Mean Word
作者：Archbishop Desmond Tutu
and Douglas Carlton Abrams
繪者：A. G. Ford
出版公司：Candlewick Press

親愛的軒，關於前些日子，姊姊放學回來跟媽媽說，你在學校與同學發生口角、互嗆髒話這件事，我希望你不要責怪姊姊多嘴。

那天媽媽對你說，如果你遇到有人說話不禮貌，故意嗆你，而你真的被激怒了，也回嗆對方，那你就中了他的計。不要拿別人的錯誤來懲罰自己，讓自己生氣、不開心。兒子，你長得這麼帥，如果口出髒話，那就一點都不帥囉！

其實一個巴掌拍不響，如果別人嗆你，而你一副泰然自若、不受影響的模樣，那個人就拿你沒轍啦！他會覺得自討沒趣，你就把他當作是瘋狗亂吠火車吧！別跟他一般見識。媽媽深知你的個性，那天當面教誨了你一下，不是要罵你，而是想提醒你，希望你能感受到媽媽的心意。

雖然事隔多日，媽媽針對這件事，還是有些話想對你說。媽媽想起了一本繪本，想推薦給你，但願這個故事能對你有所啟發。這本名為 *Desmond and the Very Mean Word* 的繪本，是關於霸凌、同理心與諒解的故事。

繪本裡的千言萬語
30個故事，30封給孩子的成長情書

◎　◎　◎

　　故事主人翁 Desmond，是住在南非一座小鎮的黑人小男孩（就是曾獲諾貝爾和平獎的南非開普敦首位黑人大主教 Desmond Tutu）。南非是個會將人以膚色深淺來定位社會地位高低的國家，也就是種族歧視很嚴重的國家。黑人因為膚色很深，總是被劃分為社會底層，受盡剝削與欺凌的不公平對待。

　　有一天，Desmond 騎著自己的新腳踏車，想上街頭炫耀一番，不料遇見一群白人小孩，他們擋住 Desmond 的去路。Desmond 心生害怕，知道被他們擋下之後的下場，因此他奮力踩著踏板向前衝。白人小孩們雖然散開，卻在他背後叫喊一些惡毒的話，讓 Desmond 聽了很難過，久久無法釋懷。

　　那天，他騎車到教會去找最疼愛小孩的 Trever 神父，神父看見 Desmond 悶悶不樂，在詢問原因之後，他問 Desmond 是否對那些惡毒的話語耿耿於懷？Desmond 點點頭；神父再問他，是否也想回報以一些卑劣的話呢？Desmond 又點點頭。

　　Trever 神父聽完後，對 Desmond 說，他理解反罵回去會讓自

己有「扳回一城」的一時快感，但是壞心情真的會因此而化解嗎？是否願意原諒那個小孩呢？

　　Desmond 起初並沒有把神父的話聽進去，一直想找機會回嗆那些罵他的白人小孩。幾天後，他終於找到機會──他快速騎著腳踏車穿過這些孩子，然後回頭罵出他所能想到的各種惡毒的話。當下，Desmond 的確是有「親痛仇快」的感覺，但沒過多久，他竟被不快樂的情緒團團包圍。

　　Desmond 跑去找 Trever 神父，告訴神父，他覺得神父說對了。他沒有原諒那個小孩，終於找到機會對他說出惡毒的話，但並沒有因此感到高興。神父接著對 Desmond 說了一句話，讓媽媽讀了非常有感，想要分享給你：

Desmond. When you forgive someone,

you free yourself from what they have said or done.

It's like magic.

　　（當你原諒別人，你也從他們對你所說或所做的言行中得到解脫，感受到自由。這就像魔法一樣。）

繪本裡的千言萬語
30個故事，30封給孩子的成長情書

後來，Desmond 無意間目睹嗆他的那名男孩被哥哥霸凌，Desmond 產生惻隱之心。在一次機會下，Desmond 走向那個男孩，紅著臉，先為自己說出惡毒的話道歉；那名男孩也紅著臉，道歉之語雖已來到嘴邊，卻害羞遲遲不敢說出來。Desmond 感受到那男孩的心意，輕輕地說出：「我原諒你！」兩個孩子在夕陽餘暉下分享甜甜的糖果，空氣中洋溢著和解的氛圍。

◎　　◎　　◎

親愛的軒，當別人對我們說卑劣的話，或對我們做卑劣的事，以牙還牙絕非解決之道。就如同 Trever 神父對 Desmond 說的，我們對別人罵惡毒的話，目的是要讓對方感到心靈受傷，但其實我們自己的心靈也受傷害了。

試想：當你心中開始在想惡毒的話語，你是最先「聽到」這些惡毒之言的人，在傷害到他人之前，這些話已經先傷害到你自己了。就如同，當我們用一根手指頭指著別人的鼻子大罵時，其實有四根手指頭是指著自己啊。

和他人互嗆，只會擾亂你平和的心；憤怒只會讓你身心都處於極不舒服的狀態，你沒有因此得到什麼益處。寬恕他人也許不易，卻是真正愛自己的展現。寬恕他人，不是要展現自己多麼偉大──談不上是要以德報怨。寬恕他人，其實是因為我們愛自己，不想因為別人的失當言行，擾亂了我們心靈的平靜。寬恕他人，方能讓自己內心得到真正的自在與平安。希望這封信讓你在未來漫長的人生道路上能夠永遠受用。

　　　　　　　　　　　　　　　　　　　　──語重心長的媽媽

繪本裡的千言萬語
30個故事，30封給孩子的成長情書

學習尊重與我們不同的人

放下偏見，給予他人「做自己」的自由

親愛的孩子，請記得將心比心，

我們倘若不希望自己身上某一特質

被他人帶著異樣眼光看待，

那就千萬別對他人做相同的事。

繪本
data

書名：The Only Way is Badger.
作者：Stella J. Jones
繪者：Carmen Saldana
出版公司：Tiger Tales.

親愛的恩和軒，今天你們兩個一放學回家，話匣子一開，便嘰嘰喳喳地彼此聊著在學校發生的事情。媽媽聽到你們說起某個男同學言行舉止較為陰柔，姊姊尤其不能接受這樣的男生，直說他是「娘砲」。媽媽忍不住也加入你們的話題，告訴你們，莫帶著性別刻板印象去評判他人，以免說出傷害他人心靈的話語。

你們聽了似乎不甚認同，姊姊說：「可是有些人就是讓人無法接受啊！像我就很難接受喜歡同性別的人。雖然媽媽都會說要尊重、接納和我們不一樣的人，但我就是覺得這些人很怪異，就算我表面上看來尊重他們，但是我心裡其實是很不以為然的。」弟弟也在一旁點頭附和。

看你們倆帶著輕蔑的眼光看待較為女性化的男同學，並且無法接受同性戀者，媽媽好想多跟你們分享一些我的想法，但一時詞窮了！口拙的媽媽還是決定透過文字的書寫，和你們進一步聊聊，希望你們願意暫且放下成見，聽媽媽分享以下這則故事：

◎　　◎　　◎

森林裡住著一群動物，其中，獾覺得自己是最棒的，他認為大家都得像他一樣才行——要像他一樣會挖洞，要像他一樣住在地洞裡，連叫聲也必須酷似他的叫聲才算合格。無法經過這些層層檢核的動物，一一被獾給下達逐客令，通通不許留在森林裡。

而後，獾變本加厲，只有身體顏色和他一樣是黑白相間的動物才能留下，因此，森林裡最後只剩下臭鼬、浣熊和他自己。然後，他命令臭鼬和浣熊拿起油漆刷，和他一起把整個森林粉刷成黑白色。但臭鼬和浣熊並不喜歡獾這麼蠻橫霸道、過於自我中心，因此他們不告而別，離獾而去，獨留獾隻身在空蕩蕩的黑白森林裡——獾嘗到了沒有朋友的孤單滋味……

獾終於醒悟到自己並非全天下最好、最棒的，也沒有權利和理由強迫大家要模仿他、複製他。獾為自己所犯的錯誤向大家道歉；而這些可愛的好朋友也不計前嫌，和獾重新串起美好的友誼。

親愛的恩和軒，媽媽想藉由這個故事與你們分享，這個世界

正因為存在著各形各色的人，才會有滿滿的活力與精采；就如同繪本最後一個畫面所呈現的，當所有不一樣的動物相互尊重、接納，整個畫面展現出的顏色會是五彩繽紛、鮮豔生動的。反之，當人們帶著偏見與傲慢去看待與自己不一樣的人，甚至排擠他們時，這個世界將如同故事中獴拿油漆刷把森林刷成黑白那般，失去盎然生機，空洞、無趣且乏味啊！

媽媽知道要放下既有的成見並不容易，但如果我們願意時時保持對人的善念，就不至於眼神帶著鄙視或言語飽含嘲諷地去對待和我們不一樣的人。

我們不能像故事裡的獴，企圖把身邊的人都改造得很像我們自己；想法、舉止和我們不同者，不能就說他是異類、怪胎──人世間許多的衝突紛爭大抵起源於此啊！

親愛的孩子，請記得將心比心，我們倘若不希望自己身上的某一項特質被他人帶著異樣眼光看待，那就千萬別對他人做相同的事。

儘管你們目前真的無法接納身上帶有某些特質的人，也請你們好好學習打從心底真誠地給予他人最大的尊重，還給他人「做

自己」的自由。這是人與人相處該抱持的體貼心意，媽媽盼望你們倆都能擁有一顆如是溫暖厚道的心。

——時常提醒自己對人要溫柔敦厚的媽媽

願你敢做敢當，守住誠信

勇敢面對，學習承擔錯誤與責任

說謊和想盡各種說詞圓謊，真的好累人，甚至可能因此感到心虛、自責，還得承受謊言可能被揭露的煎熬啊！何不鼓起勇氣誠實面對。

繪本
data

書名：The Truth According to Arthur

作者：Tim Hopgood

繪者：David Tazzyman

出版公司：Bloomsbury Publishing

親愛的軒，相信你應該知道，媽媽為什麼要寫這封信給你，對吧？隨著時代的進步，你們這個世代開始有部分作業必須上網完成，因此，我和爸爸將書房裡的電腦提供給你們姊弟倆作為完成作業之用。然而，你三番兩次趁著做網路作業時，將網頁畫面偷偷切換至你喜歡看的電競遊戲直播。爸爸告訴我，他已發現過好幾次類似的情況，你卻直推說沒這回事。

媽媽也曾警告你，若爸爸或媽媽再次發現你利用做網路作業的機會，切換頁面去看與功課無關的內容，媽媽就要禁止你使用電腦一段時間。沒想到，你今天又再犯；更令媽媽失望的是，當媽媽問你時，你卻沒有說實話。你知道媽媽有多難過嗎？

媽媽今晚找出一本名為 *The Truth According to Arthur* 的繪本想與你分享，希望你認真閱讀之後，要對自己的行為有所反省。

◎　　◎　　◎

這本繪本描述故事主人翁 Arthur 和「誠實」從以前到現在，一直都不是好朋友。例如有一天 Arthur 偷騎哥哥的腳踏車，結果發生意外，不僅腳踏車毀了，還把媽媽的車子刮出一道擦痕。

繪本裡的千言萬語
30個故事，30封給孩子的成長情書

Arthur 知道自己這下闖大禍了。他的朋友 Noah 問他發生什麼事？Arthur 便竄改一些事件發生的細節，謊稱有位公主說自己從未騎過腳踏車，就跟 Arthur 借來騎，然後擦撞到媽媽的車子，還一句道歉也沒說。Noah 聽完後跟 Arthur 說：「你媽媽要是知道這件事，一定會很生氣。」這正是 Arthur 最不想聽到的話。

　　另一位朋友 Lula 也問 Arthur 發生什麼事？這次 Arthur 把故事編造得又長又不可思議。他說一位外星人向他借腳踏車騎，希望騎到天空去，結果腳踏車撞到媽媽的車子。Lula 聽完後跟 Arthur 說：「你媽媽要是知道了，一定會非常不高興。」這又是 Arthur 最不想聽到的話。

　　Arthur 想盡各種說詞欲掩蓋實情，然而「事實」一點也不想被掩蓋或美化修飾，甚至被全然隱瞞。

　　又有另一位朋友 Frankie 問 Arthur 發生什麼事？Arthur 打從心底想忽略這個問題，完全不想詳實回答。他誇大地說，腳踏車與媽媽的車壞損，跟他一點關係也沒有，是腳踏車和媽媽的車突然變成兩隻大機器人，然後相互大打一架。Frankie 聽了之後回應：「好酷喔！我猜你媽一定會很高興！」Arthur 心虛地說，他也希望如此。

終於，Arthur 的媽媽出現了，問 Arthur 發生什麼事？他知道紙包不住火，終於決定將實情全盤托出。雖然媽媽對於腳踏車與自己的車毀損感到不高興，但是對於 Arthur 能夠說實話，也頗為欣慰。

　　◎　　◎　　◎

　　親愛的軒，當媽媽詢問你有沒有偷偷使用電腦瀏覽電競畫面時，也許你當下想逃避被媽媽指正與責罵，所以情急之下撒了謊，但你是否想過，謊言一旦被揭穿，你的誠信將會被大大地扣分？「誠信」是為人該持有的良好價值，媽媽願意信任你，你也不要辜負媽媽對你的信任，好嗎？媽媽希望你做事情要敢做敢當，不要有欺騙的行為。你要勇於面對自己所做的事，說實話雖然可能會挨一頓罵，但至少不用為了圓謊而不停地編織更多謊言，或捏造更多虛假的故事。

　　說謊和想盡各種說詞圓謊，真的好累人，你不覺得嗎？甚至可能因此感到心虛、自責，還得承受謊言可能被揭露的煎熬啊！何不鼓起勇氣誠實面對，讓自己不必一直受到良心的譴責！希望

繪本裡的千言萬語
30個故事，30封給孩子的成長情書

你看完這本繪本後，能夠真心反省，改掉這種遇到事情先扯謊的不良習慣。

你對電競的喜愛，媽媽感受得到，媽媽也已開放週六和週日各一小時供你使用電腦，滿足你對電競的好奇與熱情。請你在媽媽允許的這段時間玩電腦，其他時候就該守住學生的本分，好好學習，將語文力和邏輯推理力扎實地建構起來。畢竟你已經升上國中，電競有玩就好，凡事過度沉迷皆非好事。

希望你別嫌媽媽嘮叨。讀書雖不是生命的一切，但有系統、有脈絡的知識學習，絕對會幫助你成為一個遇事更懂得尋求解決方法的人。即便你真的想成為一名電競高手，在電競世界中，也得講求解決問題與闖關的方法，不是嗎？

你常抱怨讀書無用，幹嘛學呢？未來又用不到。孩子啊，請相信媽媽，一個人的知識水平一定能從他的談吐和行為舉止看得出來，你現在讀的書，可能無法立即看見它的用處，但慢慢地，這些學習歷程與學習內容都會內化成為你生命的一部分；你的思辨力、你的人文素養是慢慢積累形成的，無法立竿見影。你不能因為現在看不見這些無形的東西，就一口咬定讀書無用。好好沉住氣、靜下心來學習，讓一切慢慢發酵，好嗎？

——仍然對你抱持信心的媽媽

帶著好奇的眼光，品嘗有滋有味的生活

轉換心境看世界，驚喜藏在細微中

換個心境、換個眼光看周遭世界，

也能在看似很相似的每一天，

發現並享受各式各樣不同的樂趣。

繪本
data

書名：Norm
作者&繪者：Sylvia Liang
出版公司：Thames & Hudson

親愛的恩和軒，你們兩個都相繼來到國中學習階段，繁重的課業與緊湊的學習節奏，讓你們有時候不免抱怨：「國中生真的好可憐，每天都有作業和考試，好煩喔！」

媽媽長年在國中任教，深知國中生的學習內容以及所必須承受的學習壓力，但媽媽不能因為心疼你們讀書辛苦，就放任你們要不要念書都無所謂，畢竟在這歷程中，你們也在學習「盡心」與「負責」。即便無法在學業上表現突出、名列前茅，只要你們在面對當前的學習任務是抱持認真用心的態度，媽媽就覺得你們超棒，以你們為榮！

平日你們認真投入學校裡的各項學習，媽媽也同樣用心面對自己的教學工作。我們平時都活在社會的規準裡，也都在既定的日常軌道中運行；運行久了，媽媽偶爾就會想跳脫既有的生活軌道，帶你們出遊，展開週末兩天一夜的輕旅行，讓身心都有稍稍擺脫壓力束縛的機會。「張弛有度」的生活節奏，是媽媽喜歡的一種過日子的方式；保持這樣的節奏感，讓我們不至於一直處於精神緊繃狀態，也不至於過度脫序，背離該有的正常規律作息。

有一本畫風可愛的繪本，正描述著人活在規範與標準中，偶

繪本裡的千言萬語
30個故事，30封給孩子的成長情書

爾不妨也讓自己有從規範與標準中跳出來的機會，去感受生命的創意、趣味與彈性。故事是這樣的：

◎　　◎　　◎

　　一個名叫 Normal（正常）的小孩，住在一個乾淨整潔、充滿秩序感的村莊裡，他有兩個要好的朋友，一個叫 Plain（素樸），一個叫 Simple（簡單）。村莊裡的每個人老愛拿著一把尺丈量所有的東西，如果丈量到什麼東西的尺寸不對勁，他們就會找個地方把那樣東西給埋了；如果有人特別顯眼突出，他們也不喜歡，會避開他，與他保持距離。

　　他們覺得這樣的生活方式很完美，所有事物的尺寸大小都在他們的控制中，每天的作息也很規律，什麼時間做什麼事情都是固定的，一切都能夠預知與掌控。

　　然而，有一天，Normal 發現一朵紅花，這是一朵超出 Normal 手上的尺所能丈量的巨大花朵；更令 Normal 大感驚訝的發現是，他隨後看見一個小女孩，這個女孩名叫 Odette，Normal

簡化稱她為 Odd（奇特古怪）。Odd 和 Normal 認識的其他女孩都不一樣，她住的鎮上房子模樣也很奇異，全是靴子造型；這城鎮裡的居民樣貌差異大，且各自擁有難以被複製的特質與專長。

那 Normal 擅長什麼呢？他當然最擅長拿出那把隨身攜帶的尺，用它來丈量身旁所見的一切囉！不過啊，這次 Odd 好意提醒他：「如果你再老是把心思聚焦在你的尺上，你將錯過世界上許多會讓你感到驚異的事情。」

Normal 這才發現，當他放下手上的那把尺，他看見好多好多令人讚嘆的驚喜。

後來 Normal 想家，回到自己的村莊繼續過日子。他很開心日常生活中有些事仍是規律、沒太大變動的，但自從認識 Odd 和她周遭的人事物之後，Normal 的生活也開始騰出空間讓新的東西進來，日子過得更加愉快。

故事最後，Normal 找到了比以往更有彈性、也更富樂趣的生活節奏，真是好替他開心！

繪本裡的千言萬語
30個故事，30封給孩子的成長情書

媽媽很欣賞、也好喜歡 Normal 後來看待生活的眼光更柔軟了，他不再執著於凡事非得按照規準走——如果不符合規準，就不願接受，或硬要把那些東西形塑成符合規準的模樣。人生的確要像這樣，保持多一些柔軟彈性的態度，才不會讓日子過得太乏味、嚴肅，一點驚喜與趣味都沒有。

　　人無法離群索居，我們都必須在社會結構下進行生活。而社會有社會的規範與標準，若過於離經叛道，違背倫常，我們將不見融於群體之中。但我們仍可在社會的大規準下，保有個人的彈性與自由。

　　這個故事讓媽媽明白，我們不一定要暫時脫離生活軌道出遊旅行，才能尋找到新鮮有趣的生活元素，為一成不變的生活注入新鮮活水；我們只要換個心境、換個眼光看周遭世界，也能在看似很相似的每一天，發現並享受各式各樣不同的樂趣。

　　因此，關鍵在於我們的心。僵化、固著的心，就好比故事裡的 Normal，老是手拿一把尺去評斷事物的好壞優劣一樣，走到哪裡，都不會看見美好迷人的風景；反之，擁有一顆開放、好奇的心，即便不特別去到哪裡，也能在既定生活軌道中發現小確幸、

小驚喜。

親愛的孩子，願我們都能持續保有對周遭人事物好奇的心態與探索的眼光，即便不刻意安排時間出遊，我們也都有能力品嘗到日常生活裡的有滋有味。

——日常有你們陪伴，就已感受到許多美好滋味的媽媽

繪本裡的千言萬語
30個故事，30封給孩子的成長情書

書之必須，閱讀之必須

與書為伴，找到安頓心靈的力量

當生命遇上困頓或遭逢解不開的難題時，
茫茫書海中，
總能找到一本為你們解惑、
為你們帶來心靈安慰的書籍。

繪本
data

書名：The Book Tree
作者：Paul Czajak
繪者：Rashin Kheiriyeh
出版公司：Barefoot Books

親愛的恩和軒，你們每次看媽媽買書，就會抱怨：「家裡的書夠多啦，妳不要再亂花錢買一堆書了。如果把所有買書的錢省下來，妳老早就能買一棟房子啦！」

哈哈，謝謝你們常提醒沒什麼理財概念的媽媽，要節制買書的欲望。媽媽的確是因為太愛買書，以至從年輕出社會工作至今，一直存不了什麼大錢。可是，媽媽對服飾、包包、化妝品這類物品倒是可以只取所需，完全能理性抗拒這些物品的誘惑，唯獨對書籍沒有招架能力。要媽媽看見心動的書，卻得忍住不出手購買，真是好艱難的事情！不過，也因著如是愛書，媽媽的心靈時常感到豐盈富足；也因為自己從閱讀中得到許多滋養，便特別盼望你們姊弟倆也熱愛閱讀，和媽媽一樣，從書裡得到源源不絕的能量，並持續從多面向的閱讀中拓展視野，成為一個以宏觀、開闊視角與世界共處的人。

以「閱讀」為主題的繪本不在少數，其中有一本是媽媽最想與你們分享的，這本名為 *The Book Tree* 的繪本，從書名便能得知與「書」、「閱讀」有關。不過，還沒讀過此書的你們，光看書名可能會心生好奇：「書」與「樹」在這個故事裡有著什麼樣的

繪本裡的千言萬語
30個故事，30封給孩子的成長情書

關聯呢？且聽媽媽娓娓道來。

◎　　◎　　◎

　　故事裡有個愛看書的孩子名叫 Arlo，他喜歡爬到樹上，獨自享受閱讀的美好時光。然而，有一回，他手中的書不小心滑落，剛好打到路過樹下的市長大人，這可大大惹惱了對書籍抱持強烈敵意的市長。市長覺得書是非常具有危險性的存在，它們就像是一顆顆種子，這些種子會慢慢地長成想法，然後想法又會變成對市政的質疑。充滿威權思想的市長，想要控制所有市民的思想，不希望市民閱讀書籍後，跑來質疑和挑戰他的言行與施政。

　　於是，市長沒收了城市裡所有的書籍，並一一撕毀。在他撕到最後一本書的最後一頁時，剛好飄來一陣微風，把這僅剩的書頁給吹走了。這僅存的書頁在空中飄啊飄，直到落地後沒入土壤中，完完全全地消失、不見蹤影。

　　之後，Arlo 慢慢察覺到，沒有書存在的世界，正悄然發生改變。比方說，學校老師因為沒有書本可以說故事給孩子們聽，故

事時間變成午覺時間；餐廳廚師因為沒有烹飪書可以參考，端不出豐富菜餚，每天提供給客人食用的只剩乾麥片；而曾是 Arlo 最喜歡前往的圖書館，如今書櫃上空無一書，荒涼至極！

Arlo 好難過，他坐在最後那一書頁沒入土壤之處，想念著書本的種種美好，並在那方土地上，用手指悲傷地寫下二字：THE END（全文完）。爾後，他盯著自己寫的這兩個字，腦中突然萌生書寫更多更多文字的念頭。他並且把自己撰寫的故事大聲朗讀出來，路過的人聽而不聞，但 Arlo 發現一個大驚喜，埋藏著僅存書頁之處竟然冒出芽來，並且那株小芽彷彿在央求 Arlo 再多寫點故事。

於是，Arlo 寫了一個又一個主題和內容各異其趣的故事；這些故事讓原本的小芽慢慢長成參天大樹，成了一棵枝頭滿是書本的「書樹」！Arlo 開心地爬上樹，深呼吸，享受著這美好的收成。

漸漸地，這個城市的人們心中又重新燃起對閱讀的渴求；有些人也像 Arlo 一樣，提筆寫下自己的故事，進一步有了自己費心澆灌而來的「書樹」。隨著這些「書樹」不斷地成長、茁壯，整個城市繁「書」盛開，欣欣向榮。

過於專心市政的市長大人，一開始完全沒注意到市容的改變，直到他再次被書本擊中頭部！市長好生氣好生氣，氣得想要將這些「書樹」砍個一乾二淨！

　　然而，Arlo 告訴市長：「我們的城市已然成為『書』和『故事』的城市，你不能把這些『書樹』給砍下。」

　　後來市長走逛了市鎮街道，發現餐廳的食物變美味了，公園裡的一場表演也吸引住他的目光，而自己也全然沉浸在閱讀一本書的歡愉中。他訝異地問 Arlo：「這些改變都是書本所帶來的嗎？」

　　Arlo 一邊把剛從書樹上新鮮採收下來的一本書遞給市長，一邊對市長說：「不是的，書本只是顆種子而已。」

◎　　◎　　◎

　　親愛的恩與軒，媽媽好喜歡這個故事最後所言：「書本只是顆種子而已。」如果我們沒有打開書本閱讀，這顆種子怎麼可能發芽呢？唯有展書閱讀，將書中的文字在腦海裡進行消化吸收、

統整歸納、思考與辯證，種子才有冒出小嫩芽的機會，甚至才可能在經年累月後，長成結實纍纍的茂密大樹。

閱讀的效益，絕不僅是打發時間、供人娛樂消遣而已，廣泛、多元主題的閱讀，開啟我們的想像力與創造力，帶我們到許多現實生活中永遠不可能抵達的境地。

透過閱讀，我們的視野開闊了，我們看待人事物的角度不一樣了。再說，閱讀的過程，就是思考的過程、發想創新的過程。閱讀讓我們成為時時更新的自己；喜歡閱讀的人，怎麼可能有無聊的時候，怎麼可能跟不上時代的脈動，怎麼可能終止學習、不再成長呢？

親愛的孩子，願你們此生和媽媽一樣熱愛閱讀。願你們知曉，當生命遇上困頓或遭逢一個解不開的難題時，茫茫書海中，總能找到一本為你們解惑、為你們帶來心靈安慰的書籍。也但願有一天，你們會真心覺得有個愛書、愛閱讀的媽媽，是件既幸福又幸運的事。

—— 在閱讀中不斷得到豐盛滋養的媽媽

繪本裡的千言萬語
30個故事，30封給孩子的成長情書

在築夢和探索的路上

不要覺得夢想很遙遠，不可能實現。
有願望就會有力量，
真心渴望實現某件事，
也願意付出心力和行動，
夢想就不會是空想。

正向看待人生的失敗或不完美

打敗「心魔」，沒什麼事過不去

當錯誤發生時，
我們要怎麼看待眼前的這個錯誤？
心態的改變，
能讓事情的局面和結果變得非常不一樣。

繪本
data

書名：The Book of Mistakes
作者&繪者：Corinna Luyken
出版公司：Dial Books

親愛的恩和軒，今天媽媽學校一位美術老師，和媽媽分享她班上一名學生的事。這名學生腦筋十分靈活，他在一幅原本幾乎畫失敗的圖畫上，添加了幾筆線條與更豐富的色彩，這幅畫看起來就變得非常生動活潑、富含生命力，全班同學皆驚豔不已！聽得媽媽也好奇萬分，希望能盡快欣賞到那幅畫，看看這名學生是如何將畫作化腐朽為神奇。

　　其實，媽媽更讚賞的是這位學生對事物抱持的正向心態。一時的失誤，並沒有讓他卻步、放棄繼續畫下去，而是想出替代方案來彌補失誤，將原先不怎麼滿意的作品，搖身變成一幅別出心裁的圖畫。

　　說到這裡，媽媽突然聯想到一本繪本，內容與這位學生的故事頗有異曲同工之妙。媽媽把書找出來，讓你們姊弟倆讀一讀，盼你們能體會個中意涵。

　　故事主人翁在畫圖時，畫得不完美，比例不對，但沒關係，

繪本裡的千言萬語
30個故事，30封給孩子的成長情書

他總有辦法去改善畫面……一開始只是個無關緊要的小缺失，後來另一隻眼睛畫得比原先那隻眼還大，則是另一個失誤——那麼，戴上眼鏡來掩飾，倒是個好主意。脖子與手肘長得那樣長，又是幾個缺失——那麼，在領口上用蕾絲圖案加以點綴，繫上絲帶來修飾，而手肘處增加貼布拼貼，又是一個掩飾缺陷的好方法。

身上處處都是斑斑點點，像花貓、黑白乳牛般，也是個缺失——那麼，躲在樹叢是另一個掩飾缺點的方法——那裡既漆黑又濃密，沒有人會看得透。至於長腿女孩的腳與地面之間出現大空隙的這處失誤——就畫一雙滑輪鞋來解決吧。

接著，又因為失誤而再度出現斑斑點點的畫面——那就將這些斑斑點點變成花花草草，並加上一棵可以攀爬的樹木，再次解決了失誤。那麼，其他誤灑在畫紙上的多餘墨水呢？動一下腦筋，就變成紛飛的樹葉。

再回到穿滑輪鞋女孩的畫面，又一個不小心的失誤，在女孩頭上滴了一大滴黑墨——那麼，乾脆在女孩頭上畫頂黑色毛帽；而意外畫上的許多線條，就設計成許許多多黃色氣球，讓女孩緊緊握著吧！

　　　　◎　　◎　　◎

　　創作過程中一連串的失誤，並未讓創作者因此感到氣餒，甚或放棄。相反的，創作者善用巧思，將這些失誤的墨水滴、不平衡的構圖與多餘的線條，變換成一幅氣氛歡樂、宛若孩子的遊戲天堂之作，鼓舞了所有觀賞者的心境。

　　親愛的恩和軒，你們看！這本繪本的作者為我們展示如何將大多數人可能認定是失敗的繪圖，轉化為成功、美麗的畫作，是不是很激勵人心呢？

　　媽媽認為，要如何看待人生的失誤或不完美，存乎一心。當錯誤發生時，我們要怎麼看待眼前的這個錯誤？是沮喪、洩氣、怨天尤人、自責不已？還是我們可以把它當作一個轉機，把它扭轉成生命的驚奇呢？心態的改變，能讓事情的局面和結果變得非常非常不一樣。

　　媽媽想與你們姊弟倆互勉，期許我們在面對不如意之際，都能保有幽默感與創造力。媽媽祝福你們也祝福自己皆能充滿力量地活著、愛著，讓我們一同在人生道路上，微笑前行，不輕易被

繪本裡的千言萬語
30個故事，30封給孩子的成長情書

小錯誤、小挫敗給擾亂內心的平靜。幽默看待生活諸多的不順意，千萬別老鑽牛角尖啊！很多事情笑一笑，也就過去了。

生命裡沒有太多過不了的難關，最大的難關恐怕是我們的「心魔」；降伏了心魔，就沒有多少事情是過不去的。

親愛的孩子，一起加油喔！我們來這世上是為了享受身為人的美好，而不是為了來受苦、受罪的，這樣的正向思維一定要好好守護在心上，知道嗎？

——和你們一樣需要正向思考的媽媽

別急！成就專業需要耐心

慢慢來，腳踏實地練好基本功

想成為某個領域的達人，
就必須投注大量心力與時間去淬鍊，
方能練就扎實的專業能力。

繪本
data

書名：Zen Socks
作者&繪者：Jon J. Muth
出版公司：Scholastic Press

親愛的恩和軒，看著你們都步入青春期，媽媽一方面感到高興，一方面也感到失落，因為往昔和童年時期的你們相處的快樂時光，那點點滴滴的過程，都只能停格在記憶裡。

還記得你們曾和我分享你們的夢想嗎？姊姊曾說想當服裝設計師，弟弟則想成為電競選手。最近姊姊開始對外語產生興趣，未來想朝向外語領域發展。在你們朝夢想前進的路上，媽媽想與你們分享：實現夢想是有步驟的，也需要時間醞釀。

今天媽媽要推薦你們看一本頗具啟發性的繪本，或許對你們未來實現夢想有所幫助。這本名為 *Zen Socks* 的繪本，內含三段不同的寓言故事；媽媽想與你們分享的是其中的第二段。

◎　　◎　　◎

一對兄妹 Leo 和 Molly 的住家對面，住著一隻名叫 Stillwater 的大熊貓；兄妹倆對這隻大熊貓很好奇，甚至可以說，他們非常喜歡這位鄰居。他們總是坐在家門口，等待著大熊貓出現。兄妹倆是因為發現自家的貓 Moss（青苔）經常到大熊貓家串門子，大

家才變成朋友。

有一天，妹妹 Molly 來找大熊貓陪她練習跳芭蕾舞，大熊貓欣然答應。在練習的過程中，Molly 告訴大熊貓，她好希望能像自己的姑姑那樣，變成一名傑出的芭蕾舞者。大熊貓告訴她，練習非常重要。Molly 說她好期待上台接受掌聲，成為首席芭蕾舞名伶，戴上皇冠，星光熠熠地出現在海報上。大熊貓聽了說，那需要花上不止一天的時間練習。Molly 天真地回應說，也許需要花兩天吧！這時，大熊貓停了下來，告訴 Molly 一個故事。

有一隻叫做 Jiro 的猴子，一心想要成為跟他父親一樣偉大的劍客，他到一座山去尋找著名的劍客 Banzo 拜師學劍。然而，Banzo 不認為 Jiro 可以成為傑出的劍客，拒絕收他為徒。Jiro 很有誠意，他問 Banzo，如果他願意接受各種磨練，這樣需要幾年才能出師？沒想到 Banzo 給他的答案反倒將時間越拉越長，從十年到三十年到七十年。Jiro 從這段對話中，覺悟到自己缺乏耐心的個性。最後，依然下定決心向 Banzo 拜師——無論要花多久的時間才能成功都沒有關係。於是，Banzo 決定收 Jiro 為徒。

Jiro 在拜師學藝期間，師父 Banzo 嚴禁他習武，手更不能碰

劍。Jiro 每天做的事情不外乎洗碗、洗衣、打掃，以及整理庭院，全部的工作都與習劍無關；就這樣，三年的時光過去了。

有一天，師父從 Jiro 的身後用大木匙偷襲他；又有一天，師父趁 Jiro 在煮飯時，突然拿起掃把打 Jiro；再來，就是突然用木劍襲擊 Jiro。日復一日，Jiro 為了要嚴防師父這種出其不意的偷襲，也學會了做好躲避的準備工作；並且，時時刻刻想著師父的劍法。終於，師父 Banzo 對他說：「你現在可以學習劍術了！」Banzo 開始教 Jiro 劍法，而 Jiro 也學得很快，進步神速到讓師父滿意地笑了，最後成為當地最厲害的一名劍客。

◎　　◎　　◎

親愛的恩和軒，無論未來你們想從事什麼工作，腳踏實地前進很重要。若想成為某個領域的達人，就必須投注大量心力與時間去淬鍊，方能練就扎實的專業能力。媽媽希望你們在追求專業的路上，不要過於心急，培養耐心、沉住氣很重要，別奢想抄捷徑，或妄想一步登天，練好基本功是最重要的。畢竟，專業的養

成須講求方法，但也要持之以恆才行。

　　親愛的恩和軒，請務必一步一步踏實地走，別急，成就專業需要耐心。媽媽希望能在你們追求夢想的路途上，在不干預你們人生發展的前提下，為你們打氣加油，給予你們心靈上的支持，也願意適時提供一些想法和資源供你們參考。當你們夢想到手的那一刻，媽媽定會和你們同感歡欣，與你們一同擊掌慶祝。

　　　　　　　　　　　　　　　　——對你們充滿期待的媽媽

人生有比輸贏更重要的事

為自己打氣，努力堅持並全力以赴

太在乎勝敗輸贏，
就會忘記真正的樂趣
是要好好享受運動或比賽本身，
這樣不是很可惜嗎？

繪本
data
───────

書名：Number One Sam
作者&繪者：Greg Pizzoli
出版公司：Hyperion Books

親愛的軒，你還記得嗎？在你小學時期每逢學校運動會，爸爸媽媽都會去參加，那時爸媽總覺得你既充滿活力又值得稱讚呢！看著你在運動場上賣力地展現實力，與同學們揮灑著汗水，聲嘶力竭地加油打氣，爸爸媽媽在場外看了好生感動。雖然你們班並沒有在各項比賽中大獲勝利，但是在媽媽眼裡，你們都是贏家。

話說回來，學校舉辦運動會的重點不在輸贏，而有比輸贏更重要的事——就是團隊精神與運動家精神——這些你都做到了，爸媽為你感到驕傲！

說到運動比賽，媽媽想起了 *Number One Sam* 這本繪本，這是關於狗狗賽車手 Sam 面對輸贏的故事。

◎　　◎　　◎

Sam 是個不可一世的賽車手，他在每個賽車項目都拿冠軍——速度拿冠軍、彎道轉彎拿冠軍、抵達賽道終點也拿冠軍。他家裡有一整面牆，牆上掛滿了他榮獲的冠軍獎章與獎狀。

繪本裡的千言萬語
30個故事，30封給孩子的成長情書

在一次賽車比賽，Sam 的車停在他最要好的朋友 Maggie 的車旁，他對 Maggie 說了一聲：「祝你好運！」便發動引擎，大家開始起跑。

這是一場精采的比賽，比賽中，Sam 和 Maggie 互有領先，形成拉鋸。當比賽來到終點，Sam 竟然輸給了 Maggie。大家都在為 Maggie 歡呼的同時，只有 Sam 一個人悶悶不樂。

隔天還有一場比賽，但那個晚上，Sam 失眠了，他不停地想：Sam 不可能輸的！Sam 是速度最快的！Sam 在彎道是最快的！他是永遠的冠軍！

第二天在比賽現場，平常有說有笑的 Sam 卻很安靜，完全不和 Maggie 說話——他太緊張了，緊張到錯過開跑的搖旗訊號，因此，他一開始屈居於後，其他車暫時處於領先狀態；不過，Sam 憑著一流的賽車技術，急起直追，後來居上，重回第一名的位置。然而，就在即將抵達終點前，Sam 看到一群要過馬路的小雞，於是，他停了下來，一邊猶豫著是否不管他們，繞開他們直奔終點……但如果這樣做，其他賽車手是否來得及看見這些小雞，安全地避開他們呢？左思右想後，Sam 決定踩剎車，把這些小雞帶

到安全的地方；同一時間，其他賽車呼嘯而過。

雖然小雞們不停地向 Sam 道謝，但他心裡卻感到失望，因為他又再度輸了比賽。

然而，當 Sam 接近終點時，他聽到一陣歡呼，這歡呼聲竟然是給 Sam 的！在所有的賽車手心中，一致認為 Sam 才是這場比賽的第一名！

◎　　　◎　　　◎

親愛的軒，我們都不喜歡輸掉比賽的感覺；好比你玩電玩遊戲若輸了，心情就會非常不好，媽媽很能同理你的感覺。誰都不想在任何競賽上輸給對手，但勝敗乃兵家常事，如果我們在競賽上輸了，應該先自我檢視，是自己實力不如對方？還是自己準備不足？找到原因之後，就可以針對原因來改進，在下一次的比賽，規避掉這些劣勢與缺點，再次迎戰對手。

話雖如此，但這樣我們就會贏嗎？也許可能還是會輸，但至少我們對得起努力的自己。太在乎勝敗輸贏，就會忘記真正的樂

趣是要好好享受運動或比賽本身，這樣不是很可惜嗎？

尤其我們看到繪本裡的 Sam，他在第二次的比賽又輸了。不過，大家看到他輸的原因並非技不如人，而是他不忍心放著小雞們的安危不管；掙扎之下，Sam 選擇放棄冠軍的頭銜，但他卻因此贏得比冠軍更榮耀的肯定，那就是所有在場的對手與觀眾的尊敬與掌聲，這才是真正的運動家。

媽媽希望你未來在面對任何競賽，都能抱持平常心，做好充足準備。比賽過程絕不作弊並堅持全力以赴，最終即便輸了比賽，也要記得為自己打打氣，告訴自己：「我為努力的自己感到驕傲，沒有遺憾。」

——永遠為你加油的媽媽

下定決心改變，就能成為更好的人

抱持信念，往美好的方向前進

生命是流動的活水，
我們不該將自己定型，
要相信每個人都潛藏著各種可能性。

繪本
data

書名：The Bad Seed
作者：Jory John
繪者：Pete Oswald
出版公司：HarperCollins

親愛的恩和軒，今天媽媽在班上授課時，希望同學們分成幾個小組做團隊合作學習；當場，媽媽發現有位同學落單，沒有人願意和他一組。這個情形已經不是第一次了，媽媽最後還是將他安插到其中一組，可是，看到這組同學對他流露出嫌惡、排斥的態度，讓媽媽不太高興，當下立刻提醒並告誡同學們不該有歧視或孤立其他同學的舉動。

媽媽知道這位同學來自單親家庭，忙於賺錢養家的家長，也許疏於將他照顧得面面俱到，他的功課經常遲交，成績趕不上其他同學，有時身上看起來不太整潔，班上同學因此常排擠他、嘲弄他；媽媽經常看到他下課時都是獨自一個人，簡直被當作邊緣人看待。不過，媽媽不認為他是個壞學生，有時候他會幫我把一堆英語習作抱回辦公室。媽媽不禁心想：我的兩個孩子在各自的班上，是否曾處於類似被孤立的狀態？抑或你們班上是否也有像這樣遭人討厭的同學呢？

這件事讓媽媽想起一本英文繪本，書名為 *The Bad Seed*（中文版書名為《壞種子》），媽媽先簡單描述一下這個故事吧！

故事的主角是顆葵花子，他開頭便稱自己是個壞種子（Bad Seed）。為什麼會有人說自己很壞呢？因為周遭的其他種子都說他很壞，都以「壞種子」來稱呼他；他們以為壞種子沒聽到他們這樣叫他，其實他都聽得一清二楚。久而久之，他也覺得，既然別人說他壞，那他就壞到底吧！

　　壞種子究竟有多壞？他有諸多不良行徑，例如：東西取出後，沒有將它歸回原位；老是遲到；不愛乾淨、不修邊幅；老愛插隊和插話，還不時大聲吵鬧等。為什麼壞種子盡做這些負面的事呢？因為大家都說他很壞啊！所以他也就這麼自我認定了。

　　但壞種子內心有個真實的聲音是：他並不想這麼壞，他也想好好做個大家都稱讚的好種子啊！他原本來自一個手足和樂的人家庭，在向陽花田裡快樂地生活著。但是有一天，他們賴以維生的向陽花枯萎了，他和兄弟姊妹都被人類收集後，做成了葵花子；然後，他險些被一名體型龐大的人類吞下肚——他可說是葵花子悲慘命運的倖存者。

　　雖然他僥倖存活下來，但往後的生活卻無比糟糕——暗黑、骯髒，還得忍受風吹日曬雨淋等惡劣環境的折磨。他孤伶伶一人，到處流浪，舉目無親，漫無目的，日子一久，也慢慢習慣了這樣

的生活。

　　壞種子的本性並不壞，他後來也試圖努力改善自己，讓自己變好、變快樂。但事情無法一蹴可幾，他只求一天可以改掉一個缺點，讓自己的缺點逐日減少。

　　壞種子慢慢地展現可取之處，例如他會說「謝謝」、「請」，也會禮讓他人。別人對他的看法逐漸改觀，開始會說：「也許他並不是個壞種子！」他聽了很高興，心想：世上沒有完美的個體，應該就像他一樣，優缺點兼具吧！他只希望不斷地思考與改進，讓自己可以越來越好。

　　　　　　◎　　　◎　　　◎

　　親愛的恩和軒，你們是否有看到這顆葵花子的努力？我們每個人都集優缺點於一身，倘若我們能像壞種子那樣不斷地提醒並修正自己，應該就能避掉許多不良的習性，也就不會影響到別人。

　　在媽媽教學的經驗中，每一屆班上都會有幾個類似這個故事主角 Bad Seed 的學生。媽媽知道他們通常都是本性不壞的孩子，大多是因為家庭功能失調、成長環境惡劣，導致他們行為有所偏

差。這些孩子其實最需要學校老師與社會的支持。可惜的是，許多這樣的孩子都選擇緊閉心扉，懶得對外解釋，讓他人無法靠近，不知如何幫助他們。

看看這個故事的結局，我們要相信每個人都有改變和進步的可能性。媽媽期許你們，莫帶著成見去看待班上同學和生活周遭的人。也許有同學目前在某些言行舉止上遭受大家的討厭或排斥，但也許他們背後有著我們不了解或難以想像的生命故事和困境，他們可能正行走在不怎麼好走的人生旅程中，我們不要因為其他同學對他們有偏見，也跟著否定他們、把他們視為異類。

每個人都需要被看見，當你看見他們的好，也許對他們來說，這會是很強大的正向能量，他們會開始往好的方向前進，變成越來越美好的人。

媽媽和你們分享這本繪本，除了期盼你們多釋出善意給身邊的人，也想要鼓勵你們，生命是流動的活水，我們不該將自己定型，要相信每個人都潛藏著各種可能性。只要下定決心，我們一定能持續往美好的方向提升，讓自己越活越充實精采。媽媽與親愛的你們相互勉勵！

——對你們充滿信心的媽媽

真心肯定並祝福他人的成功

敞開心胸，一起成就更大的美好

給予有成就的朋友祝福，
這祝福不僅僅是送給好友，
也是送給自己、勉勵自己。

繪本
data
————

書名：The Bear, the Piano, the
Dog, and the Fiddle
作者&繪者：David Litchfield
出版公司：Clarion Books

親愛的恩和軒，你們是否曾自我探索過，自己最引以為傲的才華是什麼呢？如果你們發現別人也有同樣的才華，恰好這些人是你們的好朋友，而他們的才華高過你們時，你們會抱持什麼樣的心態呢？你們能不能真誠地肯定並祝福好友的成功呢？

這次媽媽想要和你們分享一本感人的繪本，書名為 *The Bear, the Piano, the Dog and the Fiddle*，這個故事值得我們細讀與深思。

◎　　◎　　◎

故事描述一位提琴手 Hector 和他的狗兒 Hugo 是非常要好的朋友，而 Hugo 也是 Hector 演奏提琴時的最大粉絲。他們一起度過好幾年起起落落的時光，如今日子不如以往。某一天，在回家的路上，Hector 問起他的狗兒 Hugo 往後該怎麼辦？他的巔峰時期已經成為昨日往事，如果能去觀賞世界知名的大熊鋼琴家表演，誰會來看老提琴手演奏呢？狗兒 Hugo 鼓勵他不要放棄，汪汪地叫著，傳達出會繼續聽 Hector 演奏的溫暖心意。不過，Hector 沒有理會，只是嘆著氣。

繪本裡的千言萬語
30個故事，30封給孩子的成長情書

Hector 告訴狗兒 Hugo，他年紀太大了，不再適合表演，連他一直想上音樂殿堂演奏的夢想，看來也永遠無法實現。如今 Hector 不再外出演奏提琴，而是花大把大把時間看電視、聽音樂、睡覺……然而在此同時，他的狗兒 Hugo 卻在戶外演奏著提琴；鄰居看到，嘖嘖稱奇。有天晚上，Hector 睡覺時忘了關窗戶，清晨傳來一陣奇怪的聲音喚醒了他。Hector 起身躡手躡腳地來到走廊，爾後推開屋頂的門，看見狗兒 Hugo 正拿著他的提琴在演奏，那樂音讓人聽了手舞足蹈，悅耳動聽極了。

Hector 不僅看到鄰居陶醉在音樂中，也發現他的狗兒是如此喜愛演奏提琴，這讓 Hector 心頭揪痛了一下。

狗兒會演奏提琴的消息很快地傳開，連著名的大熊鋼琴家也來觀賞他的演奏。大熊告訴狗兒，他計畫成立一個動物樂團，並邀請 Hugo 一起加入巡迴演出。狗兒看著 Hector，一邊搖著尾巴，這時，Hector 心頭又感到一次揪痛。他告訴狗兒，應該把握這一生難得的機會，去參加巡迴表演吧！

當 Hugo 打包提琴時，Hector 卻改變心意——他告訴 Hugo，不要去加入那群蠢蛋！我們不需要他們！Hugo 哀求 Hector，

Hector 卻不屑地說，儘管去吧，等過些時候，一定會看到 Hugo 夾著尾巴逃回來，因為他覺得 Hugo 的琴藝其實沒那麼出色。話說完，Hector 立刻後悔，原本想跟 Hugo 道歉，但為時已晚，Hugo 已經咬著提琴盒，離開這個家了。

跟著大熊樂團，Hugo 成功地在世界各地巡迴表演，獲得熱烈的掌聲，並擁有大批粉絲，全世界數百萬人在電視機前和電腦前觀看他們的表演——包括 Hector 在內。Hector 開始懷念起往昔演奏提琴的日子，這下，他更想念他的朋友 Hugo。

有一天 Hector 看見海報，大熊樂團將在自己的城市演出，他想去觀賞，但又猶豫著——因為他先前說了過分的話，擔心 Hugo 不會想見他。不過，他還是買了票去看表演。Hector 發現 Hugo 拿著全新的提琴，他揣測著那把舊提琴發生了什麼事⋯⋯

表演開始，果然是十分精采的演奏，Hector 忘我地大叫：Hugo，你是最棒的！突然，有兩隻大熊保全員來到觀眾席，把 Hector 架到後台的走道；然後，Hugo 邀請 Hector 上台加入演出，完成了 Hector 一輩子的夢想。Hector 也重新感受到他和 Hugo 珍貴的友誼——原來美好的友誼就像一首悠揚的音樂，是如此地動

繪本裡的千言萬語
30個故事，30封給孩子的成長情書

人與溫暖人心。

◎　　◎　　◎

　　親愛的恩和軒，真摯的友誼，是除了親情之外，在我們生命中最重要也最為可貴的。和好友之間，如果是你先在某項領域有所成就，別忘了，有機會的話，也助好友一臂之力，一起成就更大的美好。如果是你的好友先取得成就，千萬記得不要忌妒，也不必羨慕，把真誠的祝福送給他。莫懷有較勁之心，這樣只會讓自己感到不平與難受。

　　給予有成就的朋友祝福，這祝福不僅僅是送給好友，也是送給自己、勉勵自己。與其欣羨、忌妒他人，甚至咒罵上天不公平，不如繼續向前好好地生活。

　　要相信上天是愛我們的，不會虧待我們；真正阻礙我們與幸福相遇，其實是我們的負面心念啊！

——欣賞你們才華的媽媽

當你真誠渴望時，
請勇敢說出夢想

付出心力和行動去追尋

Susanna Isern
Silvia Álvarez

Bear Wants to
FLY

當我們把夢想說出來讓其他人知道，

其實也是一種對自我的宣示，

告訴自己「我真的在乎這個夢想」。

繪本
data

書名：Bear Wants to Fly
作者：Susanna Isern
繪者：Silvia Álvarez
出版公司：Cuento De Luz Books

親愛的恩和軒，還記得幾年前，當你們年紀還小的時候，曾興奮地對媽媽說：「我以後要當服裝設計師！」、「我以後要當電競選手！」你們童言童語天真地說著自己的夢想，媽媽聽著聽著，心中感到無比美好！你們如此年輕，生命的可能性無限寬廣。

最近一兩年，你們漸漸進入青少年階段，不像年幼時想到什麼就說什麼，媽媽似乎越來越少聽到你們談論自己的夢想了，心裡感到有些兒失落呢！不知你們的夢想依舊是童年時期的那個夢想嗎？還是隨著接觸到這個世界越來越多面向後，夢想悄然有了改變？

其實，無論你們夢想依舊，還是有了新夢想，皆遠比什麼夢想都沒有來得好。媽媽期待你們能再次勇於說出夢想，這樣媽媽與爸爸將更知道如何支持並引導你們朝著夢想的方向去實踐喔！

◎　　◎　　◎

這次媽媽要推薦你們一本名為 *Bear Wants to Fly* 的繪本。故事

繪本裡的千言萬語
30個故事，30封給孩子的成長情書

描述森林裡的一隻小熊，在一個月夜下，靦腆地向貓頭鷹訴說他的夢想。小熊的夢想是，有一天能夠飛翔。貓頭鷹聽了這個幾乎不可能在小熊身上實現的夢想後，決定向全森林的動物們發布這個消息。動物們聽到小熊想飛的夢想時，感到既驚訝又欣喜，他們一致決定要協助小熊實現飛翔的夢想。

首先，有著飛翔本能的老鷹告訴小熊，他需要有輕盈的身體與一雙翅膀。動物們幫小熊制定一套減重訓練計畫；另外，他們還到處收集羽毛，要幫小熊製造一對翅膀。在眾人的協力幫助下，小熊的飛翔計畫終於展開了。

訓練過程中，小熊也曾經懷疑自己做不到，但在一次鼓起勇氣跳入水中救了一隻螞蟻後，小熊漸漸對自己有信心，更賣力訓練自己，朝向飛翔的夢想努力。

春天來臨了，小熊終於準備好要實現飛翔的願望。森林裡所有的動物都前來幫他加油打氣。小熊揹著那對動物們費心製作完成的翅膀，克服了自己的恐懼，屏氣凝神地望著前方……終於，他從森林高處奮力一躍，一開始，小熊一直往下墜……前來觀看的動物們都看得提心吊膽。幸好有老鷹、蝴蝶和貓頭鷹從旁提醒

小熊飛翔的技巧；慢慢地，小熊終於飛起來了！動物們看到小熊成功實現飛翔的夢想，全都歡欣鼓舞、振奮不已。

◎　　◎　　◎

　　親愛的孩子，你們看！小熊想要飛翔的決心，得到全森林動物們的支持與協助，終於達成這看似不可能的任務。能夠實現夢想，真是件非常美好的事。媽媽鼓勵你們要勇敢追夢，一旦你們確定自己的夢想，並勇敢說出來，家人及好友都會支持你們圓夢的。你們也不要覺得自己的夢想很遙遠，不可能實現；媽媽相信，有願望就會有力量，如果你們真心渴望實現某件事，也願意付出心力和行動去追尋，夢想就不會是空想，你們一定會離夢想越來越靠近。

　　媽媽在《牧羊少年的奇幻之旅》書中，看到一句很鼓舞人心的話：「當你真心渴望某樣東西時，整個宇宙都會聯合起來幫你完成。」這句話正是要提醒每個人，當我們把夢想說出來讓其他人知道，其實也是一種對自我的宣示，告訴自己「我真的在乎這

個夢想」；把夢想說出來，也可以讓眾人從旁鼓勵或督促我們往實踐的方向前進。

當你們把夢想說出來，別人才有機會知道你們內心的渴望，你們也才有機緣連結到願意幫助你們、提供你們相關資源的人。因此，媽媽希望你們不要害怕說出夢想會被人取笑，請理直氣壯地說出心中美好的盼望，讓自己走向夢想的心意更加堅定，也讓愛你們的人更知道如何助你們一臂之力，從旁支持你們一步步接近夢想。

——也正在努力圓夢的媽媽

團隊合作創造雙贏與共好

發揮所長，齊心互助力量大

單單自己一人的力量太過渺小微薄，
唯有透過與更多志同道合的人一起努力，
我們的夢想才能得到更圓滿的實現。

繪本
data

書名：The Tallest Tree House
作者&繪者：Elly MacKay
出版公司：Running Press Kids

親愛的恩，最近你們班如火如荼地為即將到來的露營勤練著舞，這段時間你們常常犧牲午休時間，就是想把舞練好，希望能在露營晚會中有精采的表現。媽媽問妳：「會有同學意見特別多，不願意配合大家的安排嗎？」妳回答：「我們班還好耶，都蠻團結的，大家都會聽從編舞同學的指揮。」媽媽不由得要豎起大拇指給你們班大大按個讚了！

媽媽真心覺得在學校能夠學習與團隊相互合作，共同成就一件事，齊力完成同一個目標，是一件比課業成績重要太多太多倍的事。很開心藉由這次練舞的機會，你們全班展現了向心力與榮譽感，而不是抱持事不關己的冷漠態度，或是有人想強出頭，企圖成為表演時眾人矚目的焦點。在這次的舞蹈活動裡，沒有人冷眼旁觀，沒有人是配角，全班同學都是這次演出中不可或缺的一員；大家都是主角，同心協力完成一件屬於全班的事，這是多麼美好的體驗！

與團隊合作，創造共好與雙贏，是我們處在群居的社會型態裡，必須好好學習的事。單打獨鬥，已無法因應時代趨勢。一個人想的、做的有其難以突破的侷限性，眾人從多面向切入思考，

集思廣益，分工合作，更能締造大格局的成就。

　　媽媽想到一個好故事可以與妳分享：

　　有兩個小仙子住在瀑布旁的一座美麗森林裡，他們一個叫
Mip，另一個叫 Pip。一日，Mip 心血來潮向好朋友 Pip 提議：「我
們來比賽蓋樹屋吧！我要蓋一間史上最高最高的樹屋！我們兩個
看誰能在太陽下山前蓋出最棒的樹屋，誰就是贏家！」

　　Mip 話一說完，立刻付諸行動，開始砍伐樹枝，積極蓋起
樹屋。而 Pip 卻不急著動工，他坐在石頭上，絞盡腦汁畫著設計
圖──他要等設計圖完備了，才依照既定計畫著手蓋樹屋。

　　Mip 看見 Pip 所畫的樹屋草圖，心生強烈的危機感──她怕
Pip 蓋出的樹屋比她的高，急急忙忙地在原本蓋的樹屋之上加了
一座高塔，以確保她的樹屋高度不會被 Pip 的樹屋所超越。

　　不料，此時颳起風來，Pip 好心向 Mip 提出建議：「風太大
了，妳該綁牢妳樹屋上的塔，免得它垮下來。」但是 Mip 不願採

納 Pip 的忠告，她覺得 Pip 是為了贏得比賽，故意如此提議，以拖延她蓋樹屋的速度。

而後，又來了一陣強風大雨，Mip 蓋的高塔開始咯吱咯吱作響，接著左搖右晃，最後整座塔坍塌了！塔崩落下來時，壓到了 Pip 的身體，他的翅膀卡住了，動彈不得！ Mip 設法幫助 Pip 脫困成功。這時，Mip 終於知道 Pip 之前要她把塔牢牢固定住，是中肯之言，並非為了想在這次競賽中勝過她啊！

他們兩人等風雨停歇後，將倒塌的高塔當作一座橋，藉此連結兩人原先蓋的樹屋，並善用 Mip 的想像力與 Pip 謹慎細膩的規劃力，共同成就了超級棒的樹屋傑作！

後來，兩人一致認為：「我們是史上最佳團隊！」

◎　　◎　　◎

這個故事裡的 Mip，一開始好勝心非常強烈，一心想要在樹屋比賽中贏過好朋友 Pip。她把輸贏看作是非常非常重要的事──她有非贏不可的企圖心。後來，Mip 在整個建造樹屋的過程中，

有所領悟與學習，體認到友情的可貴遠遠勝過輸贏；團隊合作帶來的豐美成果，更是大大勝過單打獨鬥的結果。

故事裡的 Mip 和 Pip 各有各的優點與擅長之處：Mip 有不設限的豐富想像力，還有著即知即行的超強行動力；而 Pip 有著細膩縝密的心思，善於在行動前展開妥善完整的規劃，不像 Mip 雖然行動力強大，卻容易莽撞行事。兩人最後齊心合作，截長補短，各自發揮並貢獻自己的優勢與專長，共同創造出來的樹屋，比兩人獨自建造的樹屋，更具創意、更令人為之驚嘆不已！

這就是團隊合作的價值。團隊合作創造出雙贏與共好，大家都是贏家，沒有所謂的輸家；大家一起好，沒有人被排除在外，這樣不是很好嗎？為什麼非爭個你死我活不可呢？

親愛的恩，妳現在已慢慢透過各種學校活動，學習如何與人合作。將來出社會，在職場上，將更加深切體認到，團隊合作對自己和對整個團體所帶來的正向加值。媽媽也一直在學習與人連結與合作，單單自己一人的力量太過渺小微薄，唯有透過與更多志同道合的人一起努力，我們的夢想才能得到更圓滿的實現，妳說是吧？

──願妳享受與全班一同練舞的媽媽

當機會來臨時

在對的時候,勇敢一下下就好

準備好的人，
不愁遇不上大展長才的機會，
反倒有可能面臨機會一個接一個來……

繪本
data

書名：What Do You Do with a Chance?
作者：Kobi Yamada
繪者：Mae Besom
出版公司：Compendium Inc

親愛的軒，參加國一新生訓練回來後，你說老師今天選了幹部，因為老師對全班同學都還不怎麼熟悉，不知道哪些同學認真負責、適合擔任班級幹部，便詢問大家：「曾經在國小擔任過班長或副班長的同學請舉手。」你想到自己曾於國小中年級短暫擔任過班長一職，便舉起了手。可能當時舉手的同學不多，你說老師後來選了你擔任臨時的副班長，試用期一個月。

媽媽聽你這樣說，心裡很替你開心，因為你在那當下主動舉起手，把握了任職幹部的機會，讓自己得以在為大家做事的過程中增能，這是多麼棒的學習！媽媽很欣慰你一直是個熱心助人、不是那種自掃門前雪的孩子。相信你也從為他人服務的經驗中，得到許多心靈的滿足與快樂。

媽媽希望這會是一個好的開始，期許你在中學階段把握住學習各項不同能力的機會，媽媽不願你只顧著讀書，什麼事情都不去碰、不去學。再說，只會讀書絕對不是未來世代想要的人才，願你多方涉獵、多元學習，利用求學期間壯大自己多面向的能力。唯有把自己準備好了，將來當可以讓你一展長才的大好機會來臨時，你才抓得住它；否則，當機會來到身邊，而你的能力不足，

也只能眼睜睜地看著它從你面前溜走啊！

媽媽來與你分享一本有關「把握機會」的繪本吧！

◎　　◎　　◎

這本繪本是以第一人稱的觀點「我」來敘事的。當「機會」第一次來到「我」身邊時，他不知道為什麼它會出現；他想去抓住它，但又不是那麼確定，最後「機會」飛走了。

「機會」飛走後，「我」開始感到後悔。他發現自己心裡是很想要它的，但他不確定自己是否具備足夠的勇氣。

而後，又來了一個「機會」，「我」決定嘗試去抓住它。然而，正當他伸手要去抓「機會」時，他不但沒抓到，還跌了一跤。他好難為情，覺得自己真是愚蠢，甚至感覺到周遭的人似乎都在嘲笑他。

自此之後，只要有「機會」來到他身邊，他都選擇忽略。他越是忽略來到眼前的每一次「機會」，「機會」來訪的次數便越來越少，少到「我」不免擔心是不是不會再得到另一個「機會」？

他雖然外表假裝不在乎，但清楚自己是很渴望擁有「機會」的，只是他必須先面對並克服心中的遲疑與恐懼。

後來，他為自己加油打氣：「也許我不用一直都很勇敢，也許我只需要在對的時候勇敢一下下就好。」終於，他意識到一切的決定權操之在己。

「我」這次決定如果「機會」再次出現，他不會退縮。

然後，在看似再平常不過的一天裡，「我」看見遠方有個閃閃的東西在發亮！「我」心想：「這個東西會是要給我的『機會』嗎？」他快馬加鞭地往它跑去。在他拋開恐懼、迎向它時，他感受到心中滿腔的興奮與激動。

當「我」終於跑到「機會」的面前，他認清這次所面對的，是千載難逢的大好「機會」，於是他用盡全身的力量去抓住它。牢牢抓住此次「機會」的他，感受到乘坐在「機會」之上自由翔翔的美妙！

「我」決定再也不錯失任何「機會」，因為他有太多想看、想做、想探索的事物，怎麼能讓「機會」白白流逝呢？

「我」最後鼓勵看這本書的讀者：「當機會來臨時，你怎麼

做？當然是要抓住它，因為它很可能會是一趟奇妙旅程的開始。」

◎　　◎　　◎

這本繪本的插畫者 Mae Besom 將「機會」、「勇氣」這些抽象的東西具象化、形體化，這是繪本的優勢，透過圖像與文字的巧妙融合，我們得到的視覺觸動與心靈啟發更為深刻了。

媽媽覺得這本繪本裡有兩段話很是激勵人心：

「也許我不用一直都很勇敢，也許我只需要在對的時候勇敢一下下就好。」

「當機會來臨時，你怎麼做？當然是要抓住它，因為它很可能會足 一趟奇妙旅程的開始。」

親愛的軒，如果下次有什麼機會來到你面前，你好想抓住它，卻又擔心自己沒有能力把事情做好，就拿這兩段話語來鼓勵自己、為自己加加油吧！不要還沒嘗試就使勁潑自己冷水，覺得自

己一定沒本事、沒能耐。縱使我們抓住某些學習或展能的機會後，過程或結果不盡如人意，也不要因此而感到挫敗、氣餒；沒有人天生就完美無瑕，我們都是一路跌跌撞撞地學習，從中成長並壯大自己的。如果因為懼怕失敗，任何學習機會都不願意把握的話，我們就只能停留在舒適圈，看不見新的可能，也無緣邂逅人生中諸多令人驚豔的迷人風景！

　　軒，媽媽雖已近知命之年，依舊懷抱熱情，珍惜並把握種種能夠讓自我不斷向上提升的機會；而你青春正盛，你的生命有著無限的可能與希望，媽媽願你善用時光，掌握機會多多去感受、體驗、探索與學習，為自己的未來儲備豐足的能量與強大的實力。如是，你將驚喜發現，準備好的人，不愁遇不上大展長才的機會，反倒有可能面臨機會一個接一個來，考驗你如何從中做出最佳選擇的問題呢！

　　　　　　　　　　——相信機會永遠是留給準備好的人的媽媽

繪本裡的千言萬語
30個故事，30封給孩子的成長情書

獨一無二的你

上天讓你來到這世界上，
一定有祂的道理和祂想賦予你的使命。
去發現自己，
展現獨特的自己吧。

看見並欣賞自己的亮點

模仿、討好不能贏得真友誼

希望你們在人生旅途上，
能有足夠的幸運交到幾個惺惺相惜的好朋友，
彼此欣賞各自的獨特性，
並願意相互扶持、打氣。

繪本
data

書名：Ruby the Copycat
作者&繪者：Peggy Rathmann
出版公司：Scholastic

親愛的恩和軒，今天媽媽的班上來了一位轉學生，是個很可愛的女孩子喔！她剛來報到，媽媽擔心她會因為陌生環境而緊張，影響到學習成效，因此，媽媽將她安排坐在一位平時就熱心助人的同學旁邊，希望她能早日適應新環境，盡快專心在課業上。媽媽心想，說不定還能意外促成一段美好的同窗情誼呢！呵呵……

因為今天來了這位轉學生，讓媽媽聯想到一本名為 *Ruby the Copycat* 的繪本。媽媽來和你們分享這個故事吧！

◎　　◎　　◎

Ruby 是一所小學的轉學生，黑色短髮的她看起來活潑俏皮。Ruby 被分發到 Hart 老師的班上，老師將她安排坐在金色長髮上別著紅蝴蝶結的 Angela 後面。Angela 對 Ruby 微笑，Ruby 也報以微笑，腳步輕快地來到座位。

當 Hart 老師問大家週末過得如何時，Angela 立刻舉手，分享週末擔任姊姊婚禮上的花童的點點滴滴。Hart 老師回應：「這真是令人興奮啊！」這時 Ruby 也舉起手說，她週末也去當了姊姊

繪本裡的千言萬語
30個故事，30封給孩子的成長情書

婚禮上的花童喔！哇！真是太巧了！Angela 回頭對 Ruby 微笑，而 Ruby 則是緊盯著 Angela 頭上的紅色髮結傻笑。

學校午休時間，Ruby 緊急跑回家。等她回到教室，黑色頭髮上也別了一個紅蝴蝶結。她和 Angela 兩人相互竊竊私語，讚美彼此的紅髮結——看來，Ruby 交到了 Angela 這位好朋友……

然而事實是，隔天上課，Ruby 看到 Angela 身穿雛菊圖案的洋裝。於是，她又趁午休時間，跑回家換上雛菊花樣的毛衣，兩人又相視讚美彼此的衣服。隔天，Ruby 又模仿 Angela 穿著一件手染的 T 袖；再隔天，Ruby 又模仿 Angela 展示花童服裝。這一次，Angela 不再稱讚 Ruby 的衣服了。次日，兩人又恰巧穿著紅色與薰衣草色相間的洋裝，這次則換 Angela 在午休時間跑回家……當她返回教室後，Ruby 看到 Angela 改穿黑色洋裝。

當天的課程是要朗讀自己寫的小詩，Angela 起身朗讀她所創作的詩。讀完後，Hart 老師點名 Ruby 接著念她寫的小詩……結果全班都傻眼了，大家都在竊竊私語，連 Hart 老師都不禁皺起眉頭說：「還真是巧合啊！」

後來，Ruby 收到 Angela 寫的一張紙條，指責 Ruby 抄襲她，她要跟 Hart 老師告狀，還附帶說，她討厭 Ruby 頭上的紅蝴蝶結。

Ruby 看完紙條，把頭埋進衣領中，淚水沿著鼻頭滴落在紙條上。

　　放學後，全班同學紛紛回家，Hart 老師把 Ruby 獨留下來，對 Ruby 說，她不需要凡事都學著 Angela，她可以成為她想成為的人，但首先她要先做好她自己。老師也鼓勵她說：「我喜歡原來的 Ruby ！」Ruby 被老師安慰，心裡覺得好過些，眼睛卻直盯著老師閃亮的指甲看。

　　隔週來上課時，Ruby 竟然學起老師塗指甲油，還謊稱她去看歌劇；其他同學都喊她胡說。Hart 老師認真問 Ruby 週末到底做了什麼？這次她實話實說，說她週末在跳上跳下。此話一出，立即引來同學的嘲笑；但是當 Ruby 認真地示範她的跳躍——有模有樣又好看——同學們轉為拍手叫好，認為 Ruby 跳得真棒。老師索性打開音樂，要全班同學跟著 Ruby 一起跳。自此，Ruby 不用再模仿別人，而是全班模仿她；後來 Ruby 和 Angela 也重修舊好，一起走跳著回家。

　　還好 Ruby 找回了自我，也和 Angela 重新做回好朋友。媽媽

繪本裡的千言萬語
30個故事，30封給孩子的成長情書

好希望班上那位新轉學生能盡快交到好朋友，並且，也可以保有自我。

　　我相信你們在班上也可能有很佩服或很欣賞的同學，但你們終究是你們自己，不要刻意去模仿他人的穿著和舉止。也許你只是想打入一個小團體，或想和某人變成好朋友，然而別的角色都有人扮演了，上天讓你來到這世界上，一定有祂的道理和祂想賦予你的使命。去發現自己，展現獨特的自己吧。Ruby 不就是大方秀出她的跳躍本領，才贏得全班的喝采和 Angela 的友誼嗎？

　　想要贏得友誼，不需要去模仿或複製對方，這樣對方不見得會接受你、喜歡你；甚至，對方可能會因此把你當成小跟班使喚也說不定。如果你們模仿他人，把他人看得比自己可貴、重要，可能讓他們有被捧上天之感，以為自己的地位比你們高，還可能利用你們渴求友情的這個弱點，而對你們頤指氣使，要你們去做你們不想做的事情。

　　媽媽希望你們在人生旅途上，能有足夠的幸運交到幾個惺惺相惜的好朋友，彼此欣賞各自擁有的獨特性，並願意相互扶持、打氣，互為溫暖彼此心房的小太陽。

　　　　　　　　　　　　　　——覺得友誼誠可貴的媽媽

不追風潮，先確立自我風格

流行的事物不一定適合自己

一個人若沒有自信，
即使怎麼穿戴名牌服飾，
也不會顯露真正的美——
因為自信本身就是一種強大的美。

繪本
data

書名：Old Hat
作者&繪者：Emily Gravett
出版公司：Simon & Schuster Books

親愛的恩，今天帶著妳和弟弟一起去逛百貨公司，突然，妳看到模特兒身上展示的一件破洞牛仔褲時，興奮地對我說：「現在這種破洞牛仔褲好流行喔！我們班上好幾個同學都有穿，我也好想買一件噢！」聽了妳當時那樣說，媽媽只是笑一笑，沒當場答應買給妳，想必妳心裡有一絲絲的失望吧！

其實媽媽也是過來人啊！哪個青春期少女不愛漂亮，不喜歡新潮流行的事物呢？雖然妳是我的女兒，不過我們母女倆對衣服的喜好，還真是南轅北轍。媽媽並不是不願買那件牛仔褲給妳，而是媽媽聽到妳提及「流行」這樣的字眼，媽媽覺得，也許該給妳時間再想一想，是不是應該為了流行而去買東西？

晚上，當你們都就寢後，媽媽從書架上找了這本繪本，放在妳的書桌上。我想推薦這本繪本給妳閱讀，內容十分淺顯易懂，相信妳一定明白媽媽的用意。

這本名為 *Old Hat* 的繪本，故事描述一隻名叫 Harbet 的小白

繪本裡的千言萬語
30個故事，30封給孩子的成長情書

鼠，奶奶為他編織了一頂毛線帽——那頂毛線帽戴起來好暖和，他感覺好舒適好溫暖，因此時常戴著這頂毛線帽。直到有一天，他看到其他動物都帶著各式新穎、時尚的帽子；他們嘲笑 Harbet 的帽子太過時、老氣，讓 Harbet 也想跟隨他們戴同樣款式的帽子。於是，Harbet 去買了相同的帽子，然後，他戴上新買的帽子出來向大家炫耀。這時，大家頭上又換了最新款式的帽子，甚至還嘲笑 Harbet 的帽子跟不上流行。

Harbet 不管怎麼買，怎麼頻頻更換新帽，總是跟不上其他人穿戴的帽子款式。Harbet 對此感到好沮喪喔！面對成堆如山一樣高的各式各樣帽子，Harbet 不知如何選擇。

當 Harbet 正不知所措時，他突然想到，何不乾脆發明屬於自己的帽子呢？於是，他在自己頭上插了各種顏色的羽毛，然後走到外頭亮相。其他動物見著這模樣，都為之驚艷不已，也紛紛仿效，將羽毛插在頭上。這下，Harbet 不再窮於追求其他動物的流行風潮，反而成為引領時尚的人物。

親愛的恩，年輕人喜歡時尚、追求流行是再正常不過的事情，只是媽媽仍希望藉由這本繪本跟妳溝通一個重要的觀念，那就是人應該走出自己獨有的風格，不要一味追求一時的流行——也許那流行的事物根本不適合自己。

媽媽建議妳可以從時尚資訊中，慢慢找到適合自己的風格，穿出獨特的美感與特色。

此外，媽媽認為，美麗不須砸大錢，不必藉由名牌衣物來襯托自己。一個人若沒有自信，即使穿戴名牌服飾，也不會顯露真正的美——因為自信本身就是一種強大的美。

妳明天一覺醒來，也許會改變心意，覺得那件牛仔褲其實並不很適合自己；但如果妳真的很喜歡那件牛仔褲，而且確定那是能展現妳自我風格的褲子，那麼，過幾天媽媽一定陪妳去試穿，再決定是否要買，好嗎？

祝妳好夢！

——真心希望妳美麗漂亮的媽媽

繪本裡的千言萬語
30個故事，30封給孩子的成長情書

不必為了獲得認同而附和他人

獨立思考，勇於做自己

如果世界上每個人都一個模樣，
沒有差異性，
這個世界應該會了無生趣、
沒一丁點精采可言吧！

繪本
data

書名：How to Be a Lion
作者&繪者：Ed Vere
出版公司：Doubleday Books

親愛的軒，今天學校午休時間，媽媽坐在辦公桌前改考卷，坐在媽媽旁邊的一位老師也在改作業，她突然笑說，現在孩子的志向真的很多元，她舉了幾個例子：要當網紅、部落客、直播主、電競選手⋯⋯等等，還有學生的志願是想做自己。媽媽聽了莞爾一笑，而對於那位學生在作業中寫到他想做自己，媽媽心裡是點頭如搗蒜啊！

　　媽媽想起你們先前也說著以後要當網紅啊、電競高手之類的話。其實媽媽非常同意那位同學寫的：「做自己」，唯有先做好自己，才能延伸去扮演好其他的身分。今天，媽媽想和你們分享的這本繪本名為 *How to Be a Lion*。

　　作者開頭就說，這世界上有各式各樣的點子與想法——有微小的、偉大的、好的和壞的想法。有人認為，要當隻獅子，就要凶猛殘酷，一旦抓到你，就要毫不遲疑地把你吞下肚，這樣才算隻獅子。然而，有一隻獅子叫李奧納多，他完全與這些特點相反，

繪本裡的千言萬語
30個故事，30封給孩子的成長情書

他很溫柔和善，喜歡獨來獨往，喜歡感受和煦的陽光灑在背上，喜歡踩在青草地上。有時候他會到思考之丘——偶爾思考嚴肅的事，偶爾做做白日夢；這段期間，他享受靜靜地哼唱，玩味語言文字，將文字前擺後擺、穿插放置，將它們組成一首又一首詩。

　　一般情況下，當獅子遇到一隻倒楣的鴨子，恐怕會毫不留情地把鴨子給一口吃下肚；但換作是李奧納多遇到一隻鴨了，那會是什麼情形呢？他們會互相自我介紹。鴨子名叫瑪利安，李奧納多跟瑪利安說自己正在寫詩，但苦惱著沒有靈感，希望瑪利安能幫他。於是，他們倆共同討論，相互交換想法。

　　李奧納多和瑪利安發現他們喜歡彼此，於是在豔陽下和草叢裡一起玩耍。他們也一同散步去，一隻用呱呱呱，　隻以低聲的吼鳴，愉快地聊天說地。

　　到了夜晚，他們望著星空尋找流星；每當看到流星，便會許願。鴨子瑪利安問：「宇宙是否有邊際？」獅子李奧納多回答：「如果有的話，大家都會掉下去吧！」這兩隻動物只想聚在一起，沒有比這個願望更令他們想望的了。

　　但有一群獅子不以為然。他們指責李奧納多為什麼沒有凶猛

地把鴨子吃下肚？李奧納多一邊保護著他的鴨子朋友，一邊說道：
「這是他的朋友，沒有任何獅子可以吃掉他。」

　　其他獅子們吼叫地指責李奧納多的行為一點也不像獅子，實
在太過分了。他們告訴李奧納多，要成為真正的獅子，唯一的方
法就是要凶猛。

　　李奧納多感到很沮喪，自我懷疑是否需要改變性情，讓自己
變得凶猛。鴨子鼓勵他證明其他獅子的想法是錯誤的。他們相互
合作，最後想出了他們覺得可以反駁其他獅子的一首詩。

　　李奧納多平和地對其他獅子說：「他不需要透過嘶吼，才能
被聽見；他也可以和蜜蜂或小鳥做朋友。」對李奧納多來說，要
他吃掉朋友是件可怕的事。李奧納多堅定地對其他獅子說：「何
不你們做你們自己，而我做我自己！」

　　作者在故事最後表示：

繪本裡的千言萬語
30個故事，30封給孩子的成長情書

You don't need to roar to be heard.

（要讓別人聽見你，並不需要大聲吼叫。）

媽媽想與軒分享這句話，希望你可以記在心上。

媽媽知道你的本性是很善良的，你經常大聲激動地表達自己的想法，目的當然是希望被聽見，說服他人你的想法是對的，常常講得臉紅脖子粗。媽媽覺得，其實你並不需要這樣提高聲量，只要好好溫和地說話，只要你有「禮」和「理」，他人就願意聽你說話；不需要以聲量壓制別人，這樣只會造成別人反感，更不想聽你說話。

媽媽認為，溫柔而堅定的表達，才是王道。如果你一心想證明自己是對的，而說話咄咄逼人，會讓人留下好辯之士的印象，心裡不見得會認同你，呼應你。

親愛的軒，媽媽知道你心中有崇拜的人物，希望自己能夠像偶像一樣酷炫。媽媽介紹這本繪本給你，是希望你能先做好自己，並具備獨立思辨的能力，千萬不要盲目追求流行，或不假思索地跟著主流價值走。

在這個群聚的社會，要保有自己的本色是很大的挑戰，經常堅持做自己的結果，可能會面臨周遭的不認同，甚至排擠、霸凌。媽媽盼望你能像故事中的李奧納多那樣，面對他人的質疑時，依舊能勇於做自己；也期盼你尊重他人也有做自己的權利，不要對別人亂貼標籤——例如看到男同學的舉止較為陰柔，就嘲笑他是娘娘腔——我們應該覺察自己是否有這種對性別的刻板認知。

如果我們期盼他人接納我們的獨特性，那麼，我們也應該尊重他人的獨特性。如果世界上每個人都一個模樣，沒有差異性，這個世界應該會了無生趣、沒一丁點精采可言吧！

祝福你盡情追求想要的人生，同時保有做自己的自由。

——努力堅持做自己的媽媽

繪本裡的千言萬語
30個故事，30封給孩子的成長情書

在尋常小事中發現「彩蛋」

帶著新鮮好奇的眼光看世界

我們能不能透過繪本閱讀來提醒自己，
永遠不要丟失小時候曾經對世界懷抱的
那份新鮮感與探索的動能呢？

繪本
data

書名：Little Things
作者：Nick Dyer
繪者：Kelly Pousette
出版公司：Peter Pauper Press

親愛的恩和軒，小時候的你們，每天都帶著新鮮的眼光觀察周遭世界，從你們小小的眼睛看出去的世界無比可愛有趣，一點小小的事情就可以帶給你們好大好大的開心。已然丟失童心的媽媽，因著你們倆相繼來到世上，重新學習跟隨你們的視角看世界，發現許多早已習以為常、視而不見的事物，其實隱藏著不少趣味元素，只是大人的世界總是忙與盲，好多世間的精采美妙都因忙亂的生活節奏而錯過了。

媽媽好慶幸生下你們；幼兒時期的你們帶著媽媽放慢腳步，感受尋常日子點點滴滴的小樂趣與小創意。你們為媽媽開啟了人生的第二次童年；表面上看起來是媽媽在照顧、教導幼小的你們，實際上你們才是媽媽的心靈導師。你們讓媽媽有機會透過不同的眼光和心境去與這個世界重新連結，甚至熱情擁抱它！是幼小的你們重啟媽媽對世間的好奇與熱愛啊！

後來你們逐漸長大，從幼兒階段進入到小學階段，現在進而來到中學階段，正式和童年說再見。現今的你們，似乎慢慢遺失幼年時期看待萬事萬物那敏銳好奇的眼光，很多事物已完全無法引發你們探索的興趣與動力。你們有越來越明顯的好惡，對某些

事情會持有成見，不願意去傾聽不同的聲音並接納多元的觀點。甚至，你們時常連嘗試去多認識一下下也不願意，便斷定這件事很無聊、那件事讓人難以接受。現在的你們，正通往成人之路，很有自己的想法，也急於擺脫對媽媽的依賴。這很好，是成為一個獨立個體必經的過程，然而媽媽不免疑惑與感慨，難道在變成大人的歷程中，漸漸失去幼年時期對世界懷抱的好奇與童心，是我們大部分人都會遭遇的宿命？

我們能不能透過繪本閱讀來提醒自己，永遠不要丟失小時候曾經對世界懷抱的那份新鮮感與探索的動能呢？

Little Things 這本繪本裡傳達的故事，也許可以重新帶我們看見生活周遭隱藏的諸多美好，且讓媽媽說說這個故事給你們聽：

故事的主角是個小女孩，她喜歡生活中各式各樣的小事物，這些小事物可能隱身在她的口袋裡、鞋子裡或是裝著麥片的碗裡，也可能存在於大自然的細微裡。小女孩進一步發現，小事物

有時看起來似乎不如實際的那麼小；而從某些角度去看大事物，它亦不如實際來得那般巨大。她還發現，有些小東西會慢慢長大，最後長成大東西！

小女孩意識到小事物很容易被輕易忽略，所以她時常提醒自己停下腳步去觀察周遭。她體悟到，微小事物無處不在；但這些看似微小的東西其實一點都不微小，因為即使是像幫助一隻四腳朝天的小烏龜把身體翻回正面這樣微不足道的小事，對原先受困、不知該如何是好的小烏龜來說，可是大大的善舉啊！

◎　　◎　　◎

感謝故事裡的女孩提醒我們，記得帶著新鮮好奇的眼光，去發現好多好多隱身在尋常日子裡的「彩蛋」。這些「彩蛋」是上天送給保有童心與好奇心的人們的禮物，但願我們都可以是那些藏匿在生活各個不起眼角落的「彩蛋」尋獲者！

也許可以來玩個小遊戲：每天晚上睡前，我們彼此來分享一下，在一整天之中，我們各自尋獲的「彩蛋」是什麼？也許是上

學途中感受到秋日微涼的風；也許是放學回家仰頭邂逅美麗夕陽；也許是在某本書裡撞見一句讓自己心有戚戚的文字；也許是在校園裡見著陽光灑落樹梢的美好；也許是你送出一句鼓勵的話語給好友，讓你看見好友燦爛迷人的笑容……也許你們會發現更多更多媽媽目前意想不到的「彩蛋」！

　　那就期待你們的分享囉！媽媽也會帶著好奇的眼光去發掘身邊的「彩蛋」，絕對不會輸給你們喔！

　　——想到要和你們玩尋找「彩蛋」遊戲就很興奮的媽媽

找到對這世界的澎湃熱情

為生命熱愛的事全力以赴

每當我沉浸在閱讀繪本的世界裡，
總能從中得著幸福感受與源源不絕的靈感。
繪本成了我藉以觀看世界的方式，
也成為我與世界熱切互動的方式。

繪本
data

書名：Count on Me
作者&繪者：Miguel Tanco
出版公司：Tundra Books

親愛的恩和軒，從你們很小的時候，媽媽就愛陪你們讀繪本，我們一起讀過很多很多的中文繪本，也讀了一些很有意思的英文繪本，那時候的你們都十分享受聽媽媽朗讀繪本故事。

然而，現在已來到青少年階段的你們，繪本不再吸引你們的目光，你們有自己喜歡閱讀的書籍；繪本對你們來說是幼稚的、是過於淺顯的，甚至你們好幾次帶著疑惑問：「媽媽，妳怎麼這麼喜歡看繪本啊？看繪本能學到什麼呢？妳花好多錢買繪本，好浪費喔！」

親愛的孩子，你們此時正處於想要證明自己長大了的人生階段，所以急於跟繪本劃清界線，總覺得那是幼童啟蒙讀物。其實啊，你們知道嗎？繪本真的不僅僅是兒童圖書，它更是現代藝術的一種獨特表現形式。繪本作家透過圖與文的巧妙交織，訴說著一個又一個美好動聽的故事，這些故事不只是孩童讀來津津有味，經歷過一些酸甜苦辣生命體驗的大人閱讀起來，將更受觸動、更別有一番滋味浮上心頭。媽媽就拿 *Count on Me* 這本繪本，跟你們說說為什麼媽媽會這麼喜歡閱讀繪本。

故事裡的這一家人各有他們投注熱情之所在。爸爸愛畫畫，媽媽愛研究昆蟲世界，弟弟愛音樂，而故事的主人翁小女孩愛的是什麼呢？她對世間展現澎湃熱情的方式很特別——她用她對數學的強烈熱愛來擁抱這個世界。

你們一定覺得這個小女孩很奇怪，怎麼會有人這麼喜歡數學？這就是上天造人很厲害的地方，祂讓我們每個人都長得很不一樣，這世間方能展現多元的精采與美麗，不是嗎？

這個小女孩能在生活周遭發現數學的存在：像在兒童遊戲場，她看到了幾何圖案；她將小石子投到湖裡時，看到水漾開的形狀是同心圓；她也利用數學原理，讓手上的紙飛機飛得高又遠；到美術館看展覽時，她眼裡所見的美術作品，全在腦海裡轉化為數學符號與算式。小女孩就是用這麼特別的方式在觀看這個世界，並用如此特別的視角和思維與整個世界互動。

你們看，這樣一個關於挹注熱情、活出自我獨特性的故事，怎麼會只是專為幼兒所撰寫的呢？這就是媽媽喜歡閱讀繪本的原因！這個故事在媽媽這個中年大嬸看來，也是很能引起共鳴並激勵人心的。

媽媽向來覺得人活在世上，一定要帶著那麼一點澎湃熱情，這樣日子才能過得有滋有味。反之，若一個人對任何人事物都無感，什麼事情都無法激起他的興趣與好奇，這樣如同行屍走肉地活著，有什麼意義呢？

還記得幾年前，媽媽的人生走到了一個似乎看不見明亮陽光的幽暗低谷，那時，我的生活除了壓力與責任，再無其他。每天清晨醒來，意識到今天又有好多非做不可的事，心情好沉重，過得一點都不開心。後來媽媽發現，那時自己會過得那麼不好，一方面是身體當時出了些狀況——身體不舒服，很容易心情隨之抑鬱。更大一方面是，媽媽當時處在找不到可以挹注自身熱情的場域。每天繁瑣又不斷趕進度的教學工作，讓我這喜歡不時為生命添加新鮮元素的水瓶座女子生厭了，心裡時不時無聲吶喊著：「真不喜歡自己現在的生命狀態，好想找到出口啊！」

還好還好，那種拚了命地想要掙脫苦悶乏味生活的潛藏心靈能量，後來從媽媽內心深處爆發出來了！帶出媽媽強大熱情能量的關鍵是「繪本」。以前你們還小時，媽媽是為了你們而拿起繪本朗讀，後來你們漸漸不需要媽媽念繪本給你們聽了；當媽媽轉而為自己讀繪本時，更能深刻感受到繪本的迷人魅力。

　　每當我沉浸在閱讀繪本的世界裡，總能從中得著幸福感受與源源不絕的靈感。繪本成了我藉以觀看世界的方式，也成為我與世界熱切互動的方式。

　　親愛的孩子，你們呢？你們找到你們的熱愛了嗎？如果還沒有找到，也是正常的，不用心急，因為並不是每個人都像故事裡的小女孩那樣，從小就清楚自己的興趣與專才，媽媽不也是年過四十才找到生命的熱愛嗎？

　　你們還十分年輕，還在摸索、試探、開發自己的階段。現階段要做的，是用心面對眼前的學習任務；在這個過程中，你們將漸漸清楚自己的長處與亮點，也會慢慢在腦海中逐步建構出自己的夢想和人生藍圖。

　　日後，不管你們選擇將滿腔熱情投入哪一個領域，只要是能

為這個世界帶來一些美好貢獻，即便那貢獻十分微小也沒關係，媽媽都沒理由不支持你們。

　　孩子們加油，願你們和媽媽一樣，都能帶著澎湃熱情去對待、回應這個可親可愛的世界。

　　　　　　　　　──覺得人活著一定要懷抱熱情的媽媽

繪本裡的千言萬語
30個故事，30封給孩子的成長情書

高 EQ 父母 76

繪本裡的千言萬語
30個故事，30封給孩子的成長情書

作　　　者：李貞慧
插　　　畫：林韋達
攝　　　影：詹建華
主　　　編：謝美玲
封面設計：好春設計‧陳佩琦
美術設計：林佩樺

發 行 人：洪祺祥
副總經理：洪偉傑
副總編輯：謝美玲
法律顧問：建大法律事務所
財務顧問：高威會計師事務所
出　　　版：日月文化出版股份有限公司
製　　　作：大好書屋
地　　　址：台北市信義路三段151號8樓
電　　　話：（02）2708-5509　傳　　真：（02）2708-6157
客服信箱：service@heliopolis.com.tw
網　　　址：www.heliopolis.com.tw
郵撥帳號：19716071 日月文化出版股份有限公司

總 經 銷：聯合發行股份有限公司
電　　　話：（02）2917-8022
傳　　　真：（02）2915-7212
印　　　刷：禾耕彩色印刷事業股份有限公司
初　　　版：2020年01月
定　　　價：350元
Ｉ Ｓ Ｂ Ｎ：978-986-248-856-0

國家圖書館出版品預行編目資料

繪本裡的千言萬語：30個故事，30封給孩子的成長情
書／李貞慧著 -- 初版. -- 臺北市：日月文化，2020.01
224面；14.7 x 21公分. --（高EQ父母；76）
ISBN 978-986-248-856-0（平裝）

1.親職教育　2.親子關係

528.2　　　　　　　　　　　　　　108021353

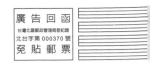

日月文化集團
HELIOPOLIS
CULTURE GROUP

感謝您購買 繪本裡的千言萬語：30個故事，30封給孩子的成長情書

為提供完整服務與快速資訊，請詳細填寫以下資料，傳真至02-2708-6157或免貼郵票寄回，我們將不定期提供您最新資訊及最新優惠。

1. 姓名：＿＿＿＿＿＿＿＿＿＿＿＿　　　性別：□男　　□女

2. 生日：＿＿＿＿年＿＿＿＿月＿＿＿＿日　　職業：＿＿＿＿

3. 電話：（請務必填寫一種聯絡方式）

　　（日）＿＿＿＿＿＿＿＿（夜）＿＿＿＿＿＿＿＿（手機）＿＿＿＿＿＿＿＿

4. 地址：□□□＿＿＿＿＿＿＿＿＿＿＿＿＿＿＿＿＿＿＿＿＿＿

5. 電子信箱：＿＿＿＿＿＿＿＿＿＿＿＿＿＿＿＿＿＿＿＿＿＿

6. 您從何處購買此書？□＿＿＿＿＿＿＿縣/市＿＿＿＿＿＿＿書店/量販超商

　　□＿＿＿＿＿＿＿網路書店　　□書展　　□郵購　　□其他

7. 您何時購買此書？　　年　　月　　日

8. 您購買此書的原因：（可複選）

　　□對書的主題有興趣　　□作者　　□出版社　　□工作所需　　□生活所需

　　□資訊豐富　　□價格合理（若不合理，您覺得合理價格應為＿＿＿＿＿）

　　□封面/版面編排　　□其他＿＿＿＿＿＿＿＿＿＿＿＿＿＿＿＿

9. 您從何處得知這本書的消息：　□書店　□網路／電子報　□量販超商　□報紙

　　□雜誌　□廣播　□電視　□他人推薦　□其他

10. 您對本書的評價：（1.非常滿意 2.滿意 3.普通 4.不滿意 5.非常不滿意）

　　書名＿＿＿＿　內容＿＿＿＿　封面設計＿＿＿＿　版面編排＿＿＿＿　文/譯筆＿＿＿＿

11. 您通常以何種方式購書？□書店　　□網路　　□傳真訂購　　□郵政劃撥　　□其他

12. 您最喜歡在何處買書？

　　□＿＿＿＿＿＿＿縣/市＿＿＿＿＿＿＿書店/量販超商　　□網路書店

13. 您希望我們未來出版何種主題的書？＿＿＿＿＿＿＿＿＿＿＿＿＿＿＿

14. 您認為本書還須改進的地方？提供我們的建議？

　　＿＿＿＿＿＿＿＿＿＿＿＿＿＿＿＿＿＿＿＿＿＿＿＿＿＿＿＿

　　＿＿＿＿＿＿＿＿＿＿＿＿＿＿＿＿＿＿＿＿＿＿＿＿＿＿＿＿

　　＿＿＿＿＿＿＿＿＿＿＿＿＿＿＿＿＿＿＿＿＿＿＿＿＿＿＿＿

　　＿＿＿＿＿＿＿＿＿＿＿＿＿＿＿＿＿＿＿＿＿＿＿＿＿＿＿＿

生命，
　因家庭而大好！